Pierre Kynast

Le Surhomme de Friedrich Nietzsche

Traduction : Frédéric Clarke

Prométhée offrit le feu à l'homme et Nietzsche en raviva la flamme. Tous deux étaient vainqueurs des dieux et libérateurs de l'homme – souffrants, sachant que rien ne peut être créé sans que périsse autre chose. Et pour donner un sens à la souffrance, on a trouvé le surhomme. Et pour qu'il s'épanouisse, on a puissamment soufflé sur les braises.

Friedrich Nietzsche

Ce livre est un pari. Un pari, car la philosophie nietzschéenne du surhomme est ici retracée sans la critiquer, sans l'édulcorer ni la diaboliser. Celui qui cherche une réponse à la question de savoir ce qu'il a en lui du surhomme de Nietzsche la trouvera ici – sans autoritarisme ni avertissement moralisateur. Il ne s'agit ici que de suivre le concept du surhomme à travers l'œuvre de Nietzsche, en intégrant nombre de ses dangereuses pensées et de les lier, en suivant les indications de Nietzsche, aux événements actuels de notre temps, par exemple au préambule de la constitution allemande. Avec Nietzsche le monde prend une couleur autre. Encore aujourd'hui – et peut-être plus qu'à aucun moment – le surhomme de Nietzsche demeure une philosophie pour après-demain dans la recherche de nouveaux philosophes.

LE SURHOMME DE FRIEDRICH NIETZSCHE

UNE INTRODUCTION PHILOSOPHIQUE

DE

PIERRE KYNAST

TRADUCTION

FREDERIC CLARKE

ANNÉE

2006 / 118 N.Z.

Pierre Kynast
Egologies II

Le surhomme de Friedrich Nietzsche
Une introduction philosophique

Traduction
Frédéric Clarke

Mots clefs
Philosophie, 19ème siècle, Friedrich Nietzsche, Surhomme, Surhumanité, surhumain, Eternel retour, Volonté de puissance, Malédiction du Christianisme, Morale, Critique de la Morale, Valeurs, Critique des valeurs, Dionysos, dionysien, Zarathustra, Vie, vivant

Traduction de la seconde édition révisée, pkp Verlag (Editions pkp), 2013 [Première édition parue : Projekte-Verlag 188, Halle (Saale), 2006] – – – Traduction : Frederic Clarke, Paris, France, 2014, © pkp Verlag (Editions pkp), Pierre Kynast, Leuna, Allemagne, Juin 2014, Internet : http://www.editions-pkp.eu – – – Impression: Books on Demand GmbH, Norderstedt, Allemagne – – – Edition reliée : ISBN 978-3-943519-13-6 – Edition de poche : ISBN 978-3-943519-11-2 – E-Book : ISBN 978-3-943519-12-9 – – – Dépôt légal : Juin 2014

SOMMAIRE

PRÉFACE DU TRADUCTEUR

TOD UND REGEN

> Warte nur, balde
> Ruhest du auch.

Goethe. Wandrers Nachtlied

Ce monde mourra avec moi. Ce monde, certes, mais pas le monde. Etait-il donc si hallucinatoire, ce monde que je quitte et qui n'était que mon monde ? Lorsque mort et vie finalement coïncident, et que la totalité de l'être que j'ai développé au cours de ce dasein sans cesse fugitif vient à paraître, moi seul pourrait en contempler l'intensité. Mais le retour à la nature qui marque cette apparition finale, ce dévoilement de la totalité ne se livre à moi qu'au moment où je me dissous et autrui n'a pu en saisir que des séquences. L'ordre général de celles-ci, l'enchaînement des causes et des conséquences, tout ce qui me constitue demeure dramatiquement hétérogène à l'altérité.

L'étonnement primal de l'être-là face au monde qui l'entoure, cette douce naïveté devant l'évidence du monde, cette première familiarité avec la nature cède avec le murmure du temps ; l'espace familier devient histoire et sa transfiguration conduit à la tragédie : son nom est « fin ». Du mouvement surgit l'inquiétude, le souci : la solitude de l'être dans l'immense forêt des possibles, le mutisme général des choses et des formes que je voudrais pourtant « comprendre ».

Voici donc le terme central de tout regard vers le dehors, ce qui n'est pas moi, et pourtant me déforme et me constitue sans cesse. « Comprendre » : prendre en soi, selon Littré. Le regard sur le monde, les preuves de mon existence dans le monde ne peuvent cependant compenser la tragique solitude de l'être-là, l'incomplétude lancinante due à l'impossible désir d'être sans aucun doute pour autrui et de demeurer.

De ce conflit permanent entre intériorité du concept et intersubjectivité résulte cette vision de mon monde, ma possibilité d'être dans ce mouvement obscur, le temps. La constitution logique des choses portée par ce dernier, la vérification constante et spontanée de la « cohérence » des causes et des effets ne laisse cependant pas de poser l'éternelle question : le « pourquoi » acéré des inquiétudes fondamentales mène au « comprendre », qui tend à la fusion avec le monde. Mais la reconstitution personnelle de celui-ci, la quête de vérification et de concordance des choses arrache-t-elle pour autant le voile inquiétant du souci ?

« L'histoire de la philosophie », écrit Nietzsche dans la Généalogie, « est l'histoire des philosophes ». Et l'on pourrait en contrepoint citer l'assertion heideggérienne selon laquelle : « le mot philosophie parle grec. La locution rebattue de philosophie occidentale est en réalité une tautologie. »[i] En effet chaque philosophe, chaque homme cherchant à quitter la naïveté initiale pour questionner ce qui l'entoure ne fait que raconter son histoire, essayant d'en trouver l'unité. Faute de cette unité, ou de l'incapacité à en retrouver les conditions, toute philosophie ne devient que machinerie logique. La « Fraglosigkeit » de Husserl en quête d'évidence pure, de pur regard et d'immédiateté est avant tout une écoute. Rien ne peut détromper l'homme de sa rêverie, l'écoute du monde se veut une compréhension, partant une intégration dans cet ordre fuyant et insaisissable. Le passage de la nature à la culture qui porte l'inquiétude envers le monde est aussi l'irruption du temps dans l'âme, le concept de finalité.

Si j'existe, existe-je pour quelqu'un et/ou quelque chose ? Et cette altérité, comment puis-je moi-même la saisir, la comprendre alors même qu'à chaque instant elle s'enfuit, elle

---

[i] Martin Heidegger : « Was ist das, die Philosophie ? »

crée la distance, le temps. L'opposition fondamentale entre l'être (l'espace) et l'étant (le temps) constitue la rupture de l'unité intime de l'individu, son regard sur l'être se réduit à un espace de son être-là. Dans ces conditions, comment valider l'existence de l'autre ? Une phénoménologie intermittente de l'altérité, un être-autre, n'apparaissant et n'existant que par mon regard, fantomatique donc ? La trompeuse concordance des actes en situation, la reconnaissance des formes si vite altérée par toute déficience ne peut apporter la moindre garantie d'authenticité. N'existe que mon concept, mon autonomie (ce qui revient à dire la loi que je me suis donnée) radicale : j'observe les choses qui me sont données, elles seules sont, le monde est qui m'entoure, les individus qui m'entourent sont-ils ? « Sein als Erlebnis und Sein als Ding »[i] (Husserl) : le profond mystère de l'existence, le questionnement sur cet événement constant mais aussi la spontanéité du plaisir et l'évidence de la beauté (« le beau est ce qui est vrai universellement sans concepts », Kant)[ii].

Le mode d'être du monde, comment puis-je l'accepter sans rejeter temps et finalité pour faire place à cet être au monde, participant solitaire dans la cohue, mais serein ? C'est l'acceptation (non la résignation) de l'étant face à l'être : vivre mon monde dans ce monde, dont je suis partie – immortel fragment dont perdure l'essence vive, la « Gegenständlich-keit »[iii] au sein du monde.

Vivre n'est pas survivre. Le monde occidental d'aujourd'hui, dernier sédiment connu de la civilisation judéo-chrétienne, vit toujours et plus que jamais dans le temps, la finalité, et ainsi que le démontre suffisamment l'essai qui suit, cette finalité – celle des dominants – n'est plus que la réifica-

---

[i] Edmund Husserl : « Ideen zu einer reinen Phänomenologie »
[ii] Immanuel Kant : « Kritik der Urteilskraft »
[iii] Gegenständlichkeit : objectivité

tion de l'individu dans le profit financier, l'isolement radical et l'anéantissement programmé de toute autre forme de société.

« L'homme unidimensionnel »[i] évoqué naguère par Herbert Marcuse est aujourd'hui devenu le type d'individu préconisé par le pouvoir financier international : sans recul historique, anesthésié par les technologies nouvelles et dénué surtout de toute capacité critique. Bien et mal, ces deux catégories infantiles érigées désormais comme seuls concepts utilisables et surtout acceptables (« le politiquement correct ») pour tout un chacun dans sa conception du monde, déterminent pensées, paroles et actes. L'euphémisme, la peur de l'affrontement avec la réalité, mènent à un permanent mensonge sur les choses, leur conception et l'appropriation de l'être par soi-même, la confrontation avec les phénomènes.

Selon un adage constant, moins l'on peut se targuer de culture et plus on l'affiche : on pourrait mesurer à cet aune la floraison incessante des centres, fondations, universités libres, mouvements de pensées et toutes autre associations qui s'en réclament. Jamais sans doute autant de prétention, d'affirmation auto-proclamée ne s'est fait jour : approximations sur les faits, méconnaissance de la langue et de l'histoire n'ont régné avec une insolence aussi affirmée. La médiocrité absolue des gouvernants de tous ordres (politique, culturel, économique) blasonne un monde inquiet, sans plus aucun recours.

Et à ce naufrage global s'ajoute, conséquence logique de toute régression, le retour de la religiosité, du pouvoir destructeur des prêtres de tout acabit, de la bêtise bêlante du troupeau enragé. La plongée dans un univers redevenu transcendant a marqué l'issue du XX° siècle avec l'essor des guerres religieuses, le retour de croisades antédiluviennes, le refuge dans l'inexplicable porté comme remède à tout désespoir d'être.

A ce titre, l'actualité de la pensée nietzschéenne ne peut que s'imposer : le premier XX° siècle avait vu paraître les pre-

---

[i] Herbert Marcuse : « L'homme unidimensionnel »

miers rayons d'un soleil libérateur, les guerres absurdes imposées tout au long de celui-ci par les financiers l'ont à nouveau masqué. Le « grand midi » annoncé par Nietzsche via Zarathoustra ne semble pas s'approcher pour celui qui considère l'accumulation contemporaine des cataclysmes, naturels et idéologiques.

Pas d'espoir donc ? Sauf un combat personnel, déterminé contre ce type de société (le système, ainsi qu'il est généralement désigné), l'homme qui tend non à survivre, mais à vivre au-dessus de cette fange faite de précautions , de peur, d'individus timorés, terrorisés à l'idée même de paraître ou d'être suspectés de penser différemment de ce que « système » impose, ne peut dans l'immédiat espérer un changement de l'état des choses.

Toute pédagogie sur le refus du cloaque qui nous entoure ne peut être que limitée : les esprits, ou ce qu'il en reste ici ou là, se refusent au soleil des pensées subversives, d'autant que privées et coupées de leur racines (notamment dans l'occident déclinant et applaudissant à ce déclin) elles ont en moins les moyens. Ne pas dire les choses, ni même les esquisser d'une litote : il faut communier devant l'infect veau d'or de la démocratie…

Ne cédons pas cependant au désenchantement. L'alternative existe et réside pour ceux qui voient et sont décidés à regarder. Si l'individu seul ne peut renverser l'état des choses, il peut s'en extraire, pour une part tout au moins.

Tout le message nietzschéen prend sa valeur dans ce combat des solitaires ; peu importe la masse, son importance dans le cours du monde est dérisoire. Il faut vivre pour soi, différemment, à l'écart de toute la niaiserie bigote des bien-pensants de la nouvelle « sainte-alliance ». Celui qui veut se libérer doit se séparer des chimères de l'altruisme, qui ne peuvent et ne veulent rien. C'est dans la solitude, et seulement dans elle, que l'esprit se délie et retrouve son souffle vivifiant. Alors l'altérité pourra être envisagée dans la réunion avec un être d'exception, choisi(e) pour ses capacités d'autonomie et de discernement, un être solaire qui donne à la vie retrouvée toute sa puissance au-delà des désenchantements organisés par le monde de la peur d'être, de la peur de la vie.

Le surhomme nietzschéen figure bien ce projet : mépris de la bien-pensance, du pouvoir établi, de ces « codes », « modes », de ce stupide pseudo-langage universel destiné à abolir tout esprit et toute critique. Mais au contraire affirmation de soi, volonté d'affronter la destinée, résolument et sereinement, mépris de l'opinion, ce poison inventé par ce monde des dégénérés et des inutiles pour consolider leur pouvoir, combat pour l'éradication de toute religion et tout ce qui la soutient.

« C'est des poètes malgré tout, dans la suite des siècles, qu'il est possible de recevoir et permis d'attendre les impulsions susceptibles de replacer l'homme au cœur de l'univers, de l'abstraire une seconde de son aventure dissolvante, de lui rappeler qu'il est pour toute douleur et toute joie extérieure à lui un lieu indéfiniment perfectible de résolution et d'écho. »[i]

Le surhomme qui tend à s'épanouir au sein des êtres qui le pressentent n'est pas la caricature qu'ont voulu faire paraître tant de pseudo-critiques : il est l'incarnation profondément humaine de la possibilité de l'élévation au sein de ce monde, unique pour chacun, mais présent à tous à condition de le regarder

```
Schläft Ein Lied in allen Dingen
Die da träumen fort und fort.
Und die Welt hebt an zu singen,
Triffst du nur das Zauberwort.
```

Josef von Eichendorf. Wünschelrute

Frederic Clarke
Paris-Berlin, 2013-2014

---

[i] André Breton : « Les vases communicants »

> Et la béatitude doit-elle vous paraître
> comme une pression de votre main sur les millé-
> naires, ainsi que sur de la cire[1]

C'est le midi. Non pas un midi quelconque dans un jour quelconque, mais *le grand Midi*, le Midi de la Terre, le grand Midi de l'Humanité.

Zarathoustra, le maître de *l'éternel retour* et le prophète du *surhomme*[2], sort de sa caverne, entouré du vol d'innombrables pigeons, un lion rieur à ses côtés.

La nuit dernière il a festoyé avec les *plus hauts seigneurs* et disputé avec eux. Maintenant, ce matin justement, il surmonte enfin sa pitié des hommes supérieurs et quitte sa caverne, fort et brûlant comme le soleil matinal qui s'extrait des sombres montagnes.[3]

Trois ans plus tard environ, Friedrich Nietzsche, l'inventeur de la *Volonté de puissance* édicte la *loi anti-chrétienne*, selon le précepte du grand Midi, prévoyant un nouvel âge. Celui-ci prend effet avec le *Jour de la guérison* soit le 30 septembre 1888 selon le faux décompte du temps.[4]

Dans les mois qui suivent, Nietzsche, afin de n'être pas trahi[5], publie *Ecce Homo*, une explication de lui-même et de son œuvre, puis disparaît en janvier de l'année suivante pour toujours dans la nuit. – Pour que toujours vive le surhomme.

Et c'est le grand Midi où l'homme se tient au milieu de sa voie entre animal et surhomme et fête son chemin vers le crépuscule comme sa plus haute espérance : car c'est le chemin vers un nouveau matin.

Dès lors l'être périmé se donnera à lui-même la bénédiction d'être l'homme visant les cimes ; et le soleil de sa découverte se tiendra avec lui dans le Midi.

« Tous les dieux sont morts ; maintenant nous voulons le règne du surhomme ».-que cela soit désormais le grand Midi de notre dernière Volonté ! –

Ainsi parlait Zarathoustra.[6]

CHAPITRE 1
LE SURHOMME DE FRIEDRICH NIETZSCHE

REMARQUES PRELIMINAIRES

Friedrich Nietzsche (1844-1900) n'était pas qu'un philosophe et un littérateur, mais aussi, si l'on veut, son propre prophète et mystique – d'une existence hors normes. La philosophie et la vie n'étaient pas liées en lui, mais l'unicité de son être. Et pour autant que l'on puisse nommer acteur celui qui se projette dans un rôle, Nietzsche était un acteur.

Le propos n'est cependant pas d'un Nietzsche acteur, philosophe ou Messie, ou quoi que ce soit d'autre, précisément il ne s'agit même pas de Nietzsche mais de préciser la vision de son Surhomme – d'en donner une *image*, une *compréhension* de son pourquoi et une *légitimation*. Que signifie « surhomme », c'est désormais la question posée et les pages suivantes s'efforcent d'y apporter une réponse. Elles se fondent principalement sur les écrits incontestablement publiés par la volonté de Nietzsche. L'héritage littéraire de Nietzsche demeure beaucoup trop invérifiable, il en va de même pour l'ensemble « Vie et Œuvre ».

Cet essai a pour principe méthodologique : « Qu'est-ce que l'on trouve ici ? » et postule que pour autant que les écrits de Nietzsche donnent des indications, leurs affirmations doivent être prises au sérieux et que de « l'affirmation brute » doit être dégagée une interprétation répondant à ce même principe : « Que trouve-t-on ici ? ».

Aussi lorsque Nietzsche, comme par exemple cela revient si souvent dans *Ecce Homo*, s'exclame : « C'est ainsi qu'on l'entend ! » nous le prenons comme tel. Finalement son œuvre doit trouver, autant que faire se peut, toute sa compréhension en elle-même et l'on doit également aussi peu que possible y ajouter de l'extérieur. Il s'agit bien du Surhomme de *Nietzsche*.

Si l'on s'attache au concept de « surhomme » au sein de l'œuvre, il apparaît clairement que ce même concept est utilisé, comme attribut ou prédicatif de la caractérisation ou singularisation de quelque chose comme surhumain vers la substantivation, donc vers la description de quelque chose comme le Surhomme. Partant de cette description, on peut se livrer à une partition de l'œuvre en trois parties. *Ainsi parlait Zarathoustra* (1883-1885) occupe la place centrale à tous égards. Les écrits de *La naissance de la Tragédie* (1872) jusqu'au *Gai savoir* (1882) forment la préparation de ce travail, ils sont pour ainsi dire l'humus dont est éclos le *Zarathoustra*. Les écrits suivants de *Par-delà bien et mal* (1886) jusqu'à *Ecce Homo* (1888/1889) doivent s'interpréter comme supplément et continuation. Avec ceux-ci l'intuition littéraire du *Zarathoustra* est à la fois réinterprétée, évaluée et fertilisée – développée plus avant et achevée.

Ecce Homo prend alors, en commun avec la réunion en 1886 des préfaces des écrits antérieurs, une place spécifique. Ces textes placent l'œuvre dans *une* cohérence – une critique morale dans le sens le plus profond du terme – et de ce fait même apportent les principes généraux d'une interprétation.

Pour ce qui concerne le concept de surhomme, on le trouve dans la première partie de l'œuvre, avec une exception, dans une utilisation univoque, attributive ou prédicative. C'est par exemple le discours de « la constitution enchantée de l'Etre surhumain »[7], de la pure et inconséquente, et donc non financière, reconnaissance comme il se doit fondamentalement dans le commerce à-et-surhumain[8], de la bonté et la justice surhumaines[9] et d'un niveau surhumain de l'existence[10]. Dans huit des dix-huit aphorismes[i] dans lesquels émerge le concept, il se trouve en lien direct avec celui de « dieu » ou de « divin ». Même dans le passage exceptionnel où le substantif « surhomme » apparaît pour la première fois, les dieux et les héros fournissent des exemples en ce sens et comptent pour des inventions[11]. Dans cette mesure, le concept sur la réalité de quelque chose au-delà, cela même est rejeté ainsi que ses conditions hors de toute attribution – de pures fictions. « Surhumain » est un superlatif sur lequel il s'est appuyé comme objet ou comme lien, qui a commencé dans les premiers écrits, quand bien même il ne tient que par un fil ténu à la réalité.

Ce qui distingue *Ainsi parlait Zarathoustra* est le fait qu'il n'y est nulle part question de « surhumain », mais bien au contraire de « surhomme », et que ce surhomme a bien plus à voir avec la réalité que le concept jusqu'alors présenté. A une exception près, la référence à la divinité est absente. Le concept apparaît, en comparaison avec les écrits antérieurs et postérieurs, expressément et régulièrement – dans les 25 discours de Zarathoustra. Si Nietzsche n'avait même pas fait remarquer lui-même que l'idée de *l'éternel retour*, cette formule complète de *l'affirmation de toute existence*, constitue le concept central du *Zarathoustra*[12], on pourrait facilement penser que c'était celle du Surhomme. Quelles sont donc les annonces programmatiques de Zarathoustra dans son premier discours?

```
    Je vous enseigne le surhomme. L'homme est
quelque chose dont on doit triompher. [...]
    Qu'est-ce que le singe pour l'homme ?
Quelque chose de risible ou de douloureusement
honteux. C'est ainsi que doit devenir l'homme
pour le surhomme : quelque chose de risible ou de
douloureusement honteux.
    [...]
    Regardez, je vous enseigne le surhomme !
```

---

[i] On trouvera en annexe C. I. un index de tous les endroits où l'on trouve le concept.

> Le surhomme est le sens de la terre. Que votre volonté s'exclame : le surhomme est le sens de la terre ![13]

Dans la troisième partie de l'œuvre, on retrouve aussi bien les formes attributives et substantives des deux premières. Mais il s'en dégage un aspect nouveau. Le surhomme du *Zarathoustra* est quelque chose d'indubitablement chargé d'avenir, qui pourra et devra devenir réalité, mais qui n'est pas encore réel, seulement une espérance, peut-être la plus haute[14]. Dans les écrits plus tardifs on trouve des formulations qui tendent à relier le « surhomme » à la réalité du « hic et nunc » et à quasiment le transposer dans la réalité. Ici, la superlativité du moment transcendantal du « surhumain » des travaux de la première période est un peu descendu du ciel. Il est maintenant question, par exemple, de Napoléon comme une synthèse de monstre et d'homme[15], ou du fait qu'il y ait eu une succession continue de cas particuliers (personnes, sexes, peuples), qui représentent une sorte de surhomme par rapport à l'ensemble de l'humanité totale.[16]

Considérant son travail passé, Nietzsche dit dans *Ecce Homo,* que le mot « surhomme » pour décrire un type de « de très bonne éducation », par opposition aux gens « modernes », aux « bonnes » personnes, aux chrétiens et autres « nihilistes »[17], convient et qu'il devient dans la bouche de Zarathoustra un mot très médité, surqualifié et qui est souvent mal compris.

Et maintenant, que signifie « surhomme » ? Où Nietzsche veut-il en venir avec le discours du surhomme. Quel fondement a-t-il ? Et finalement quelle apparence revêt-il, ce surhomme ? Ce sont – encore une fois – les questions qui doivent trouver une réponse. Quelques indications ont déjà été fournies. Voici maintenant les dernières lignes que Nietzsche livra au public :

Zarathoustra, le premier psychologue des bons est -par conséquent- un ami des méchants. Si un homme de l'espèce décadente s'est hissé au rang de l'espèce suprême, cela n'a pu se produire qu'aux dépens de son contraire, de l'homme du type fort et viable. Si la bête de troupeau rayonne dans l'éclat de la plus pure vertu, l'homme d'exception est ravalé à la pire catégorie. Si le mensonge se revendique à tout prix de la « vérité », l'homme proprement véridique doit alors être retrouvé sous les pires vocables. Zarathoustra ne laisse ici aucun doute : il dit que c'est précisément la connaissance des bons, des « meilleurs » qui a provoqué son horreur de l'homme en général ; que c'est cette résistance qui lui a donné des ailes pour « planer au loin dans les avenirs lointains », -il ne cache pas que son type d'homme à lui, relativement surhumain, et surhumain précisément par rapport aux bons, et que les bons et les justes traiteraient son surhomme de diable...

Vous hommes supérieurs qu'ont rencontrés mes yeux, voici mon doute sur vous et mon rire intime : je pense que vous nommeriez mon surhomme -diable !

La grandeur est si étrangère à votre âme que le surhomme vous serait redoutable dans sa bonté...

C'est à cet endroit et nulle part ailleurs que se trouve la source pour comprendre ce que veut Zarathoustra : l'espèce d'homme qu'il conçoit, conçoit la réalité telle qu'elle est : elle est assez robuste pour cela- elle ne lui est pas étrangère, ni éloignée, elle est cette réalité elle-même, elle contient en elle-même son danger et son questionnement, c'est uniquement par- là que l'homme peut accéder à la grandeur...[18]

Nietzsche a placé cet aphorisme intitulé *Pourquoi je suis un destin* dans la dernière section de *Ecce Homo*. Il doit donner un premier aperçu du concept de surhomme et constituer le point de départ de la recherche. Nietzsche le distingue lui-même, car ce qui est exprimé ici dans une extrême densité, « l'endroit » où l'on doit trouver la source pour comprendre « le surhomme ». Dans la dilatation de ce contenu réside l'intention principale de ce livre.

« LE SENS EST CE EN QUOI RESIDE LA COMPREHENSIBILITE DE QUELQUE CHOSE »[19]

La compréhension du mot « sens », telle que cette définition de Martin Heidegger la comporte, est visiblement très immanente. Selon cette définition rien de transcendant ne demeure dans le concept de sens, aucun aspect sur- ou extraterrestre, aucun en-soi ou pour-soi. Le sens de la rue est, pourrait-on dire, la circulation. Le sens de la circulation le commerce des êtres humains entre eux et leurs échanges mutuels, et le sens serait, ainsi entendu, totalement commun, la liaison de quelque chose de spécifique avec la structure totalisante, son intégration dans un événement global. Le sens du lit est le sommeil…

Si l'on s'interroge maintenant sur le sens du Surhomme, on pourrait dire par anticipation : « *le sens du surhomme est le surpassement de l'homme* ». Pour clarifier, ce « dépassement de l'homme » signifie que ce qui est à dépasser dans l'homme est justement de préciser le sens du surhomme. L'aphorisme extrait plus haut de *Ecce Homo* offre pour cela toutes les approches.

Il est tout d'abord question de deux sortes d'hommes, l'un du type décadent, l'autre au contraire du type fort et viable. Les premiers maintenant, les êtres faibles et inadaptés sont les « bons » et les hommes de l'autre type, les « mauvais » et Zarathoustra est devenu un ami des mauvais parce qu'il a scruté les bons. Les bons, ce sont les « bêtes de troupeau » – un fait zoologique. Les faibles se rassemblent, forment des troupeaux, les forts vivent isolés[20], ce sont des solitaires. Les « prédateurs » forment de plus petits groupes ou des familles.

Ces bons maintenant, les hommes du troupeau, Nietzsche les considère en tant qu'espèce d'hommes la plus haute. Ils rayonnent dans la splendeur de la vertu la plus pure, ce sont leurs valeurs qui prévalent comme authentiques. Mais ce faisant le mensonge se pare à tout prix du vocable « vérité » à tout propos et l'image de la réalité s'en trouve altérée. Ce n'est pas le fort et viable, mais le faible et de loin le moins adapté à la vie qui s'érige en modèle. La « vérité », c'est tout ce qui renie la vie. L'homme d'exception, le solitaire, vivant, fort est méprisé par le bon comme mauvais, en conséquence de quoi l'authentique réalité se retrouve sous les pires noms – bien pires encore que « prédateurs ».

C'est précisément dans son attitude contre les bons – les troupeaux, les faibles, les hypocrites – que le surhomme conçu par Zarathoustra est surhumain. Il se meut comme type plus près du fort, de l'authentique, du prédateur, ce qui fait qu'il devient pour les bons et justes le « Diable ». Et pourtant il n'est qu'un homme suffisamment fort pour concevoir la réalité telle qu'elle est. Il n'est pas aliéné ou déplacé, il la porte en lui et plein de la terreur et du questionnement qu'elle porte. Mais par là seulement l'homme peut avoir de la grandeur – et *le surhomme possède la grandeur*. Il apparaît terrifiant dans sa force de destruction, mais c'est uniquement dans la mesure où la force de reconnaître la créativité dans la destruction manque au spectateur, *l'acceptation du nihilisme*[21].

> Et voilà le secret que la vie elle-même m'a confié. « Regarde, a-t-elle dit, je suis ce qui dois éternellement se surmonter soi-même.[22]

Le surhomme est la vie, il est celui qui se surmonte lui-même sans cesse. Et par la suite tout ce que cela signifie va s'éclairer.

ASPECTS ET NIVEAUX

L'endroit où je me tiens détermine ma vision. Il n'existe aucune démarche alternative vers l'être-là, ses énigmes et son étendue que sa propre perspective.

Le philosophe est ouvert à chaque point de vue. Il peut s'insérer dans le moindre des détails comme dans les plus hautes sphères. Il peut s'approprier la psychologie d'un homme tout aussi bien que la dynamique de développement de peuples ou d'espèces entiers, le cosmos lui-même ne lui est pas étranger. Ce n'est ainsi pas un à-côté cette façon dont il cherche les moments fédérateurs ou les principes des différents niveaux et relie de la sorte le plus grand au plus petit, toutes ses perspectives fusionnées dans une vision globale qui, comme on doit l'attester, n'est rien d'autre à nouveau qu'une perspective.

Par ailleurs il existe différentes perspectives, qui tendent à décomposer le tout en différents aspects, qu'il s'agisse d'un être, d'un genre ou du cosmos. C'est ainsi par exemple que l'on analyse une cellule en tant qu'association organique ou bien en tant que réalité sociale ; un caillou, selon ce qu'il est ou selon son comportement dans le mouvement. C'est précisément ce faisant que devient patent le danger et la fausseté de la perspective qui oublie qu'elle n'est rien qu'une perspective. Quand par exemple on oublie, du fait de la « partition » de l'homme en « physique » et « moral » selon un aspect de pure perspective, que les deux ne sont qu'une seule même entité.

Cette courte échappée sur la perspective est d'importance, car Nietzsche fait sien presque chaque point de vue où que ce soit selon la première sorte de perspective, mais considère et analyse selon le second type de perspective son objet- l'homme- principalement sous l'angle moral, selon ses critères. Ici se tient le point d'interrogation majeur de Nietzsche. Le fil conducteur de son œuvre est la morale – ou la critique des valeurs. Mais là précisément Nietzsche est très loin de diviser l'homme en « physique » et « moral ». Une division que construisait et promouvait jusque-là tout enseignement de la Morale.

LES CONCEPTS SONT DES MULTITUDES DE SIGNIFICA-TIONS OUVERTES

CHAPITRE 2
MORALE ET VALEUR

Le sens de la morale est la valeur ; car c'est dans valeur que réside la compréhension de toute morale. Mais où se cache la valeur ? Mais qu'est-ce le sens de la valeur si on l'entend ainsi ? Où se trouve sa compréhension ? On pourrait dire avec Nietzsche : « Le sens de toute valeur est la vie ». Au-devant de l'arrière-plan de l'existence, c'est de la vie que surgit la compréhension de la valeur, c'est de là que surgit son sens.

Pour Platon la philosophie se concentrait dans trois idées : celle du Bien, celle de la Beauté et celle de la Vérité. Ces trois idées sont indissociables chez Platon et possèdent dans une certaine mesure, vers laquelle sa recherche fut intensive, un lien avec la réalité. L'idée du Bien lui apparaissait prioritaire ou même directrice par rapport aux deux autres.

Sans m'engager plus loin dans la théorie des idées, il ne me semble pas mauvais de juger les trois premiers et derniers genres, si je désigne les expressions « bon », « beau » et « vrai » comme les concepts de valeur les plus répandus.

Même chez Nietzsche on retrouve ces trois aspects de la valeur comme fondamentaux. La signification du « Beau », par exemple, trouve son expression dans l'aphorisme suivant lequel « *l'existence et le monde ne se justifient éternellement qu'en tant que phénomène esthétique* »[23]. Toute la Naissance de la Tragédie peut à mon avis être lue comme une confrontation avec « l'idée du beau ». De même « l'idée de vérité » tient une place critique centrale dans l'œuvre de Nietzsche, ce qu'un point de *l'Antéchrist* pourrait clarifier :

> L'élégante ironie d'un romain [Ponce-Pilate] devant qui fut utilisé [lors de l'accusation de Jésus par les prêtres juifs] un détournement éhonté du mot « vérité », a enrichi le Nouveau Testament du seul terme qui possède une valeur -que sa critique est sa destruction même : « Qu'est-ce que la vérité ! »...[24]

Enfin – si l'on peut dire – « l'idée du bien » est pour le moins la pierre angulaire de l'œuvre de Nietzsche dans sa partie tardive. *Par-delà bien et mal* se pose en titre programmatique et *l'Antéchrist* peut être compris comme confrontation avec la représentation « du bien » chez les modernes. Le canon global des valeurs de l'Occident chrétien est exposé ici.

L'affaire de Nietzsche était essentiellement la critique des valeurs, la mise en question fondamentale du mot « valeur » surtout, et le nécessaire affrontement avec les trois aspects de celle-ci déjà évoqués. Pour Platon aussi la critique est un moment essentiel, et on l'oublie un peu vite dans la vulgarisation élargie de la dite théorie des idées. Socrate reconnaissait les valeurs de « bien », « beau » et « vrai » dans les paroles de ses concitoyens et était le plus pénétrant des questionneurs en ce qui concernait le bien-fondé de leur échelle de valeur.

Mais retournons maintenant à Nietzsche et à sa réponse à cette sacrée et vieille question – à sa *Généalogie[i] de la morale*, à la naissance de la morale et aux origines des valeurs qu'elle contient.

---

[i] Du grec « γενεαλογία » science de la naissance, des origines.

LA GENEALOGIE DE LA MORALE

Nous avons besoin d'une critique des valeurs morales, la valeur de ces valeurs est elle-
même à mettre en question – de même que la connaissance des conditions et des circonstances qui
les ont vues croître, se développer et reculer[25]

LES VALEURS « BON ET MAUVAIS », « BIEN ET MAL »

La quête de valeurs issues d'un « sur-monde » et extra-humaines est un non-sens. Il n'existe aucune valeur qui ne soit liée à une vie. Et c'est de là que provient le plus grand danger de toute moralisation, de généraliser une valeur forcément subjective et de la déclarer comme « objective ».

Avec le mot « bien » les hommes expriment un jugement de valeur et en conséquence ce qu'ils jugent et comment ils le font, Nietzsche en tire principalement deux possibilités distinctes et de là, l'origine de la morale. D'un côté l'affirmation spontanée de sa propre intention, personne ou fait, de l'autre le ressentiment, le déni émotionnel contre quelque chose ou quelqu'un. De ces deux façon d'apprécier la valeur découlent deux morales et par là même deux concepts du « bien ». Le concept du « bien » qui correspond au « oui » spontané, détient forcément, selon le temps et l'objet, la primauté. Ce que confirment également les recherches étymologiques de Nietzsche. En voici le résultat :

que partout le « distingué », le « noble »,
au sens social est le concept de base, à partir

duquel « bon » dans le sens de « l'âme élégante », « noble », « âme de haute éducation », de « l'âme privilégiée » s'est développé nécessairement : un développement qui est toujours en parallèle avec l'autre aspect, le « commun », le « vulgaire », le « faible » qui finalement aboutit dans le mot « mauvais ».[26]

Le « Bon » est, depuis ses débuts, la marque de la prédominance politique ou sociale. *Les élites de la société modèlent dès le départ le concept.* Ce qu'elles considèrent comme bon, ce qu'elles célèbrent, c'est cela le « bon ». Ce sont les noms qu'ils se donnent eux-mêmes et qui se développent comme la quintessence du « bon ». C'est ainsi par exemple que le mot latin « bonus » (bon) renvoie étymologiquement à « l'homme de guerre » et donne une indication « sur ce qui constituait « la bonté » d'un homme de la Rome antique. »[27] L'équation aristocratique des valeurs : « bon = noble = puissant = beau = heureux = aimé de Dieu »[28] constitue la racine positive, issue de l'affirmation du concept de « bon » - issue du « oui » du seigneur à lui-même. Les nobles n'en seraient jamais venus à cette idée d'avoir honte de leur bonheur et ce qui est « mauvais » n'arrive que rétrospectivement, isolé d'eux-mêmes. L'évaluation aristocratique

agit et croît spontanément, elle ne cherche son antithèse que pour y trouver sa propre affirmation avec plus de joie et reconnaissance encore – son concept négatif « bas », « mauvais », « commun » n'est qu'une image contrastante venue plus tard, blafarde, en relation à son concept positif traversé par la vie et la passion « nous les nobles, les bons, les beaux, les heureux ! »[29]

Dans les mots avec lesquels est désigné le petit peuple, l'homme du commun, on entend résonner une espèce de pitié, de considération, d'égard[30]. La splendeur auto-proclamée des puissants, des possédants n'a qu'un regard fatigué pour ce peu qu'ils constituent, les faibles, les pauvres et les gens dénués de pouvoir – en aucun cas un regard mauvais ! – mais aussi pour quoi faire ?

Le concept originel du « bon » est donc à tous égards du ressort d'un « oui » des seigneurs à eux-mêmes et à ce qui leur semble bon. Nietzsche nomme la construction de valeurs qui en découle, « *morale de seigneurs* ».

> participe à sa constitution une puissance corporelle, une santé florissante, riche, exubérante et disposant de tout ce qui lui est nécessaire pour l'entretenir, la guerre, l'aventure, la chasse, la danse, les jeux guerriers et en général tout ce qui contribue à la robustesse libre et joyeuse[31]

> l'activité est [...] nécessairement impliquée dans le bonheur.[32]

La seconde possibilité de genèse d'un concept du « bien » consiste comme on l'a déjà dit, dans la négation. Mais avant qu'un concept de bien puisse être construit, cette évaluation nécessite un concept positif, dont la négation pourra aboutir ensuite à un « bien ! ».

Aussi peu que la première conceptualisation positive et spontanée comporte d'artificiel – se prendre soi-même pour « juste » est quelque chose qui est commun à tout-un-chacun et fait partie de l'expérience – cette seconde en est pétrie. Le dépossédé, l'asservi ou l'opprimé devient responsable de cela, aussi noble soit-il, et peut difficilement être qualifié de bon. Il est dans cette perspective, le mauvais - et même cette négation « du mal » est l'origine autre du concept de « bon ». «Bon » signifie désormais: ne pas voler, ne pas soumettre, ne pas piétiner- le ressentiment lui-même devient créatif et donne naissance à des valeurs.

À ce point, selon Nietzsche, débute *l'insurrection de l'esclave dans la morale*[33]. Les opprimés, les faibles, les maladifs et les proies du malheur ne savent rien faire d'autre pour affirmer leur valeur autoproclamée que de déprécier leur antithèse, de vouer l'existence terrestre, florissante, autocratique, au Mal. Cela est compréhensible dans une certaine mesure, comme on l'a déjà dit. En effet :

```
    Exiger de la force qu'elle ne se manifeste
pas en tant que telle, qu'elle ne soit pas une
volonté d'écrasement, de terrasser , une volonté
de domination, une soif d'ennemis, de résistances
et de triomphes, est aussi insensé que de deman-
der à la faiblesse de s'ériger en force.³⁴
```

C'est pourtant avec cela que se prépare la « *morale d'esclaves* ». Elle trompe finalement les faibles, dont elle se nourrit, pour renforcer l'incapacité à écraser, l'incapacité à devenir un maître et explique que

```
    l'impuissance   qui   s'abstient   de   repré-
sailles  devient  « bonté »  ;  la  bassesse  la  plus
craintive  « humilité »  ;  la  soumission  à  ceux  que
l'on  hait,  « obéissance »  [...].  L'innocuité  du
faible,  la  lâcheté  même  [...]  sont  parées  du  joli
nom  de  « patience »  [...]  Et  l'on  va  jusqu'à  par-
ler  de  « l'amour  de  son  ennemi »  –  en  transpi-
rant.³⁵
```

La construction de valeur obtenue avec ces deux types d'évaluations restitue, en tant que « morale d'esclaves », les conditions sous lesquelles la « morale des seigneurs » peut maintenir son existence. Les représentants les plus proéminents de la « morale d'esclave » sont pour Nietzsche les prêtres et l'exemple le plus significatif du combat entre « morale d'esclaves et morale de seigneurs » est pour lui le combat de « Rome contre la Judée, la Judée contre Rome »³⁶, cette Judée que la chrétienté a vaincu – jusqu'à la mort de Dieu. Ce qui s'ensuivit fut l'inversion de toutes les valeurs. Du « bon » ins- crit à tous égards comme premier dans l'échelle des valeurs

« Bon et mauvais », on fit le « méchant ». Le « mauvais » se déclara contre ce mal comme « le bon » avec ses conditions d'existence érigées comme valeur en soi. En fonction de quoi, il s'ensuivit finalement une nouvelle échelle de valeurs – « bien et mal » – transfiguré ici dans les deux sens et le monde marchait sur la tête.

Maintenant, ce dont il s'agit devient peut-être un peu plus transparent : « Zarathoustra, le premier psychologue du bien est par conséquent un ami du mal. »[37]

Les bons dont il s'agit ici, sont les « bons » de l'échelle de valeurs « bon et mauvais ». Ils remportèrent la victoire historique dans le combat pour les valeurs et ce sont donc ces valeurs de faiblesse et de décadence, qui sont désormais à l'honneur. Il est aussi désormais plus clair, de qui Zarathoustra est l'ami. Et l'on commence à percevoir où figure le grand point d'interrogation de Nietzsche, lorsque l'on a dans ce contexte sous les yeux sa caractérisation de Napoléon.

> Comme une flèche finale indiquant l'autre voie apparut Napoléon, l'homme le plus singulier et le dernier venu, et en lui le problème incarné de l'idéal aristocratique en soi – réfléchissons bien sur le problème posé : Napoléon cette synthèse de l'inhumain et du surhumain...[38]

CULPABILITE, MAUVAISE CONSCIENCE ET JUSTICE

Qu'est-ce que la conscience ? La responsabilité face à une parole donnée, la responsabilité face à sa propre volonté à long terme. Mais quelle est la condition nécessaire pour que ce qui est promis d'essentiel soit tenu ? La faculté d'oubli – et elle est présente au plus haut point dans tout ce qui n'est pas humain – doit pour le moins être mentionnée de temps à autre. La condition de la promesse est la mémoire. Cependant

> Fait-on une mémoire à l'animal-homme ? Comment imprime-t-on à cet entendement cantonné à l'instant, tantôt obtus, tantôt étourdi, à cette faculté d'oubli profondément incarnée, quelque chose qui puisse demeurer ?[39]

Comment élever un animal, qui puisse promettre de faire de sa volonté une « volonté à long terme » et qui soit suffisamment robuste, comment le maintenir également « contre le destin », un animal à qui sa promesse restera dans sa conscience, un « individu souverain » qui possède le droit de se dire « Bon » et « Oui » ?[40] Un tel animal, l'homme au plein sens du terme, comme le dit Nietzsche, est « un fruit *tardif*. »[41] Ce qui, essentiellement, a conduit à leur maturation, fait l'objet de la présente section. On pourrait anticiper l'essence de la réponse:

> Ce ne fut jamais sans supplices, sans martyrs ni victimes que l'homme jugea nécessaire de se forger une mémoire ; les sacrifices et les offrandes les plus horribles (jusqu'au sacrifice des nouveau-nés), les mutilations les plus repoussantes (comme les castrations), les rituels les plus cruels de toutes les religions (et toutes les religions sont pétries jusqu'à leurs racines les plus profondes de cruauté) – tout cela tire son origine de cet instinct qui découvrit dans la douleur l'auxiliaire le plus puissant de la mnémotechnique.[42]

Aussi bien, les deux principales questions de Nietzsche, questions sur l'origine de la conscience et le sentiment de culpabilité, que la réponse indiquée à l'instant, délimitent son approche. Le sentiment du devoir personnel ne dérive ni d'un dieu ni d'une instance transcendante, comme c'est le cas dans les religions, ni encore de concepts à-priori issus d'un « monde intelligible », comme dans le cas de Kant. Il s'agit ici pour Nietzsche de se placer dans l'optique qu'il ne s'agit pas de découvrir des éternités transcendantes, mais des réalités historiques, et par ailleurs de se confronter avec une erreur de méthode courante : le fait de se dépouiller de la réalité de son existence et de « découvrir » ensuite un royaume des idées éternelles, pour en tirer les moyens d'une justification.

Un professeur de philosophie par exemple prétendait lors d'un séminaire sur Kant, avec bien entendu toute la prudence requise, que même chez son chien existait une sorte d'impératif catégorique, provoquant chez lui un regard contrit avant même que son vol de viande ne soit découvert. Nietzsche aurait sûrement expliqué tout autrement un pareil regard de chien : peut-être comme une soumission qui prend les devants, un comportement qui anticipe une procédure bien connue à ce sujet, vraisemblablement un rappel à l'ordre verbal.

Un « impératif catégorique » a été fabriqué et il est d'autant « plus catégorique » que la discipline est plus stricte et plus précise À cet égard, si la douleur constitue le plus puissant des moyens de la mnémonique, qu'elle soit la plus grossière ou la plus fine, la plus physique ou la plus morale – elle sent un peu le « fagot ».

A l'intérieur d'une large perspective historique, Nietzsche situe la source du sentiment de culpabilité dans les plus archaïques et les plus originelles relations interpersonnelles, les relations de client à marchand, de prêteur à débiteur[43]. Et c'est ici précisément, dans les brumes du passé, que grâce à la douleur se forme le souvenir du failli à sa parole, qui finalement s'hypothéqua lui-même. Par-là, la fabrication du souvenir n'est qu'un effet annexe. La raison véritable de la punition du débiteur est l'apurement de sa dette, pas son « amélioration ». Dans la punition, il s'agit d'abord de la satisfaction du créancier. C'est là une des dures vérités qui entrent difficilement dans nos modernes oreilles : il y a une

```
jouissance du viol : d'autant plus estimée
que le créancier se situe plus bas dans l'échelle
sociale, avec l'apparence d'une délicate bouchée
```

et semblant être l'avant-goût d'une promotion au
rang supérieur. Au moyen de la « punition » du
débiteur, le créancier prend part au droit des
maîtres : enfin, lui-aussi atteint pour une fois
ce sentiment anoblissant de pouvoir mépriser un
être comme « subalterne » -de posséder le droit
de le maltraiter – et, dans le cas où le pouvoir
de punir et l'exécution de la sentence a été déjà
déléguée à « l'Autorité », d'au moins le voir
méprisé et maltraité. Le compromis [pour les
dettes du débiteur] se résume donc à une assigna-
tion et un droit à la cruauté [du côté du créan-
cier].[44]

Ainsi la(les) dette(s) se montre(nt)-elle(s) comme maté-
rialisation des relations entre personnes et la souffrance comme
le souvenir le plus pénétrant de cette relation, réunissant le plus
intime et le plus durable. Quel miracle que naquît quelque part
la pensée que partout où il y a de la douleur il doit y avoir une
dette, quelque chose de non-acquitté. C'est ce sophisme qui
justifie le concept moral de culpabilité, qui cherche à tout mal
un créancier à qui on est en droit de demander des comptes.
De même les victimes religieuses font partie de ce domaine,
comme le culte des ancêtres, au cours duquel on prie, on sacrifie et on jure, comme par soumission anticipée, pour prévenir
le malheur et échapper ainsi à la « punition » pour (éventuelle)
dette non payée.

Ce concept moral de la dette, le sentiment plus ou
moins imprécis d'une dette surtout, la mauvaise conscience
n'est cependant nullement le résultat de la punition. Cette dernière renvoie aux dettes et installe un souvenir de celles-ci, de
manière à ce qu'on ne s'engage ou promette pas trop à la lé-
gère. Le « remords authentique »[45], la « mauvaise conscience »,
cette « plante, la plus inquiétante et la plus intéressante de notre
végétation terrestre n'a pas poussé sur ce sol »[46], bien qu'il ait
aussi contribué à son développement.

L'hypothèse de Nietzsche sur l'avènement de la mauvaise conscience est qu'elle due à « *l'intériorisation* de

l'homme »[47]. Cela signifie que les instincts des êtres, « ces semi-animaux heureusement adaptés à la sauvagerie, aux guerres, au vagabondage, à l'aventure »[48], ne pouvaient plus être évacués vers l'extérieur et ont donc dû se tourner vers l'intérieur. L'intégration des individus dans la société a provoqué ce revirement de l'instinct. Et c'est à travers ce renversement seulement que s'ouvre la totalité du monde intérieur et que se créée « l'âme », c'est seulement avec lui que débute l'auto-lacération de l'homme, sa souffrance de lui-même. Là aussi violence et coercition font partie des préalables. Car la lente croissance interne des individus dans la société ne peut aboutir à un renversement de leurs instincts, ils voulaient avancer bien plus lentement dans cette voie ; seule la brusque prévention de leur développement habituel vers l'extérieur permit cela.

```
    L'hostilité, la cruauté, le plaisir de per-
sécuter, d'attaquer, de tout bouleverser, de la
destruction -tout cela se retournant contre le
porteur de tels instincts : c'est la source de la
« mauvaise conscience ».[49]
```

Suivant ces considérations, Nietzsche voit dans « l'Etat » le plus ancien et le plus effroyable tyran, comme forme de domination que toute race de conquérants ou de maîtres impose à une population monstrueusement supérieure en nombre, mais encore inorganisée et encore errante[50]. L'instinct de liberté enfermé de la sorte est la mauvaise conscience à ses débuts.[51]

L'homme fort, souverain, actif, la brute, qui n'analyse pas les conséquences de ses actes, à qui seule l'efficacité importe – c'est la force créatrice du bien et du mal « violente dans ses œuvres et dans gestes »[52]. Les autochtones sont ceux qui organisent le « premier Etat », font des esclaves et nourrissent ainsi le ressentiment, autour de qui croît désormais la mauvaise conscience et toute la « spiritualité », puisque les instincts, « sous la pression de leurs coups de marteaux »[53], ne peuvent plus se tourner que contre leurs propriétaires eux-mêmes, vers l'intérieur.

A ce stade, un autre « préjugé moral » est maintenant évacué Il est posé que le droit et la justice étaient une question d'équilibre entre les maîtres et les esclaves ou gouvernants et gouvernés, et donc due à la « lutte » du ressentiment pour ses « droits ».

Les orientations de valeur du ressentiment et leur résultat, la morale des esclaves, sont – comme mentionné dans la section précédente – réactionnaires, un « non » à un « oui » préexistant. Par conséquent, le ressentiment pourrait n'apporter ici que la création d'une valeur négative. Ainsi, la réaction n'amène donc plus qu'à l'invention de l'injustice. Leur idée de « justice » se crée à partir de là, de même que leur valeur fondamentale de « bonté » n'existe que par le « mauvais ». La « justice » du ressentiment veut l'égalité entre partenaires inégaux.

Mais la justice est beaucoup plus que reconnaître l'égalité à l'égal et l'inégalité à l'inégal[54]. Elle nécessite un regard clair et froid et un jugement libre et mesuré. On ne peut attendre que peu de justice, là où la blessure, l'impuissance et la privation de liberté sont les plus grandes, là où le regard est quasiment nécessairement orienté.

> le dernier domaine qui ait été conquis par l'esprit de justice est celui du sentiment réactif ![55]

Dans son début (historiquement) la justice est pour Nietzsche

> la bonne volonté entre individus plus ou moins égaux en puissance permettant d'arriver à un compromis, de se « comprendre » à nouveau entre eux –et, quant à ceux de moindre puissance, de les contraindre à ce même compromis.[56]

En contradiction avec l'idée préconçue selon laquelle le Droit et la Loi sont des créations du ressentiment ou s'interprètent comme phénomène moral, qui témoigne de « valeurs supérieures », Nietzsche y voit l'effort d'une puissance régnante « à imposer au débordement de pathos réactif mesure et tenue »[57]. L'arbitraire et la rancune seront de la sorte rejetés comme obstacles, de façon que la puissance dominante déclare « l'explicitation à ses yeux de ce qui est permis , juste, interdit, injuste »[58]. Les lois et le droit qui repose sur elles (il n'y en a pas d'autres pour Nietzsche), sont les instruments de l'ordre du pouvoir et les serviteurs de la volonté de puissance, moyen de puissance accrue qui exige, dans le combat des puissances complexes, la mise au pas des plus petites par la contrainte, et ainsi la création d'unités de pouvoir toujours plus grandes.[59]

Les romains toléraient chez les peuples qu'ils soumettaient le maintien de leurs us et coutumes, mais le droit était le droit romain, et pour transposer en un exemple actuel : les Allemands ont bien entendu formulé eux-mêmes après la seconde guerre mondiale leur propre « constitution », mais celle-ci a été dictée à l'est et à l'ouest par les vainqueurs et il s'agissait dans les deux cas de créer ouvertement de plus grandes unités de pouvoir.

Il n'y a pas de droit sans pouvoir, qui l'installe et le garantit, et ce serait un non-sens de de dire que le pouvoir serait l'expression du droit et non à l'inverse le droit selon la volonté du pouvoir. Cela serait confondre la cause avec l'effet.

Comme dans le cadre de la discussion des deux évaluations de la notation « bien et le mal », « bon et mauvais » on trouve ici, dans la seconde dissertation de la *Généalogie de la morale*, un clin d'œil en direction du surhomme. C'est seulement par le développement de la mauvaise conscience et le développement subséquemment associé au « monde intérieur », dit Nietzsche, que l'homme éveille

à son sujet un intérêt, une attention, une
espérance, presqu'une certitude, comme si avec
lui s'annonçait ou se préparait quelque chose,
comme si l'homme n'était pas un but, simplement
un chemin, un incident, un pont, une promesse
immense...[60]

Et Zarathoustra ajoute :

L'homme est une corde tendue entre bête et
surhomme – une corde au-dessus d'un abîme.
[...]
Ce qui est grand dans l'homme est qu'il est
un pont et non un but ; ce que l'on peut aimer
dans l'homme c'est qu'il est une transition et
une décadence.[61]

LA SIGNIFICATION DE L'IDEAL ASCETIQUE

Il a déjà été question de l'homme-bête, du « prédateur à
la face d'homme »[62], de l'instaurateur de règles autocratiques,
du maître-né. Mais tout de même que l'homme fort et sain
représente la vie en plein épanouissement, il représente souvent
aussi bien la bête malade.

L'homme est plus malade, plus incertain,
plus changeant, plus inconsistant que n'importe
quel autre animal, cela ne fait aucun doute, -il
est l'animal malade.[63]

Avec la question des idéaux ascétiques, sur le fondement de leur signification pour l'homme et de leur signification
dans la perspective du développement des valeurs et de la morale, Nietzsche se tourne désormais vers les conséquences de la
maladie.

De même que « l'Etat » en tant que forme d'organisation, qui impose la force aux faibles, représente un fait historique essentiel et remarquable dans sa signification, sa part d'efficacité, la signification de l'idéal ascétique reste en dehors de la question. Nietzsche en veut pour preuve la philosophie indienne des Vedas, du Bouddhisme et bien entendu du Christianisme. Tous les trois reflètent des idéaux ascétiques. Mais que se cache-t-il derrière ? Pourquoi cet idéal revient-il sans cesse avec tant de force ?

Pour s'approcher à présent de l'idéal ascétique, conformément à la proposition énoncée ci-dessus selon laquelle il n'y a aucune valeur qui ne soit issue de la vie, il faut tout simplement s'arracher de cette même vie, vers celle dans laquelle l'idéal ascétique est enraciné et à partir de laquelle elle croît. Nietzsche tire ici cette conclusion d'abord des artistes et des premiers philosophes. Dans les deux types, on trouve effectivement des moments d'ascèse, mais ils ne font qu'utiliser l'idéal, ils n'en sont pas les « inventeurs ». Le regard tombe sur le prêtre ascétique – et sous ce nom on peut comprendre maintenant l'environnement physiologique des idéaux ascétiques.

Avec l'apparition du prêtre ascétique on assiste bientôt à l'évidence du combat de la vie contre la vie. L'ascète nie ouvertement la vie, tout au moins tous les instants où elle est particulièrement nécessaire : la corporéité, la douleur, l'effort, les désirs, surtout sexuels, et finalement même la raison, qui se voit refuser la possibilité de discerner « la vérité » (derrière les choses), de reconnaître les choses en elles-mêmes.[64]

Avec cette prise de position qui définit dans une certaine perspective l'idéal ascétique, nous arrivons cependant au but. Nous en sommes aux conséquences de ce qui est montré et les confondre avec les causes serait l'une des « *quatre grandes erreurs* »[65], la confusion des conséquences avec les causes. Il s'agit des conditions de croissance de l'idéal ascétique, de l'humus à partir duquel il grandit. Mais pour Nietzsche comprendre en tant que telle la lutte de la vie contre elle-même est « du point de vue physiologique tout simplement absurde. »[66]

Avec les idéaux du prêtre ascétique s'exprime bien plus le désir d'altérité, d'être ailleurs, et pour tout dire au plus haut degré[67]. Mais où ce désir pourrait-il être plus grand que dans une vie qui est trop faible pour la vie, ou dans une vie trop inhibée pour se réaliser ? Le prêtre ascétique prêche conformément à ce désir d'une vie différente, d'un monde différent, le « monde véritable » et formule ainsi les conditions dans lesquelles la vie faible peut se cantonner.

> L'idéal ascétique trouve sa source dans l'instinct de défense et de salut d'une vie de dégénéré.[68]

Et en application de cette source, les prêtres deviennent des avocats et l'idéal ascétique devient le « droit » de tout « le troupeau des malvenus, des mécontents, des disgraciés, des malheureux, de ceux qui souffrent d'eux-mêmes de toutes manières »[69] et les maintiennent ainsi dans la vie.

> Ce prêtre ascétique, cet ennemi avéré de la vie, ce négateur –il appartient pourtant précisément aux puissantes forces conservatrices et affirmatrices de la vie...[70]

La morbidité dans ce type d'homme, sa vie consacrée à éviter d'être, « la lutte physiologique de l'homme contre la mort »[71], c'est le terrain sur lequel et à partir duquel l'idéal ascétique croît. La question initiale, pourquoi l'idéal ascétique perdure si puissamment sur la scène, trouve avec cela sa réponse: c'est la morbidité de l'homme qui le propage. Mais n'est-il pas écœuré par les dernières poussées de sa propre bestialité?

Si l'on devait répondre à cette question, on serait loin du compte. La bête ne tombe pas malade, elle se soumet, exige le combat, se range, elle blesse et détruit, et se conduit donc de manière plus sélective. La « peur de l'homme [...] soutient le type d'homme achevé »[72] Tout ce que la maladie retranche de la vie, ce sont le prêtre ascétique et l'idéal ascétique eux-mêmes. Ce sont donc des malades qu'émane par conséquent le plus grand danger -par le fait qu'ils rendent finalement malades les bien-portants, en

> réussissant à instiller dans la conscience des heureux leur propre misère, toute la misère en général : de manière qu'un jour ceux-ci en viennent à éprouver de la honte et peut-être à se dire entre eux « C'est une honte d'être heureux ! Il y a trop de misère ! »[73]

Ici guettent *pitié et dégoût*, les deux plus grands de tous les dangers. Plus le jugement s'établit que les bien-portants sont responsables de la morbidité, plus le scepticisme quant à la réalité grandit. On n'ose même plus du tout vouloir quelque chose, et l'homme renonce à être homme. Le danger rôde partout, derrière chaque action misère et malheur ricanent et dans chaque esprit l'idéal ascétique grave « ne plus rien vouloir, ne plus rien faire, tout laisser aller » – le nihilisme.

Ainsi se transformerait en fin de compte le combat de la vie avec la mort en combat de la vie contre elle-même. Si les idéaux de l'ascétisme, idéaux malades, remportaient la suprématie, tout serait finalement prêt pour le *dernier homme*, celui qui amenuise tout.[74]

Pourtant, que la vie se retourne contre la vie elle-même, est une absurdité, comme le serpent de Münchhausen qui se dévore la queue lui-même. Dans l'ensemble du phénomène des prêtres ascétiques on doit par conséquent trouver des moments où, même si ils ne sont pas spécialement promoteurs de la vie, ils lui donnent de l'importance. Tout d'abord, comme cela a été montré, la vie est conservée avec lui. Un monde de salut et de miséricorde est construit pour rendre possible l'existence aux faibles et aux souffrants. Le prêtre met son troupeau hors du vent acide et place son adversaire dans tous les vents violents. Il sépare donc les malades des bien-portants et œuvre à l'intérieur de ce monde du salut – « Le mot « église » est le plus communément admis pour le nommer »[75] – pour l'atténuation de la souffrance. C'est ainsi autant de gagné dans l'intérêt de la vie que les objections physiques contre la vie du point de vue des forts et des conscients soient établies, de sorte que les bien-portants soient protégés des malades. Ici, Nietzsche voit « l'immense mission historique »[76] du prêtre ascétique.

Son plus grand exploit, cependant, est de changer la direction du ressentiment. Et il règne un ressentiment du même ordre parmi les malades. Ici il y a tellement de souffrance qui se cherche des raisons, tant de mécontentement et de désir de vengeance de la part des plus faibles, tellement de « désir [...] *d'anesthésie de la douleur par l'affect* »[77]. Garder le couvercle sur cette chaudière en ébullition, c'est là tout l'art du prêtre et à cet effet il invente ses mécanismes de guérison par l'anesthésie des émotions, depuis le travail jusqu'au narcotique de la consolation par l'anesthésie, jusqu'au plus perfide des procédés, trouver un coupable pour étancher le besoin des malades d'avoir quelqu'un à blâmer pour leurs propres malheurs.

« Je souffre : il y a forcément quelqu'un qui est responsable de cela » - c'est ainsi que réfléchit toute brebis maladive. C'est alors que son berger, le prêtre ascétique lui dit : « c'est juste ma brebis ! Quelqu'un doit en être le seul responsable ; mais c'est toi-même ce seul coupable, tu es ce quelqu'un – tu es le seul responsable de toi-même ! » ... C'est assez hardi, assez faux : mais on a atteint ainsi au moins un objectif, comme on l'a déjà dit, on a changé la direction du ressentiment.[78]

Cela a été souligné dans la section précédente sur l'origine de la mauvaise conscience, ici nous en trouvons maintenant les causes qui conduisent vers le plein épanouissement du monde intérieur. Une fois attribuée la responsabilité de sa maladie au malade lui-même, il peut maintenant s'en prendre à lui-même et cherche finalement à payer sa propre « faute ». On ne se martyrise pas seulement le cerveau, mais on torture même son propre corps, cette « racine de tous les maux ». Enfin on n'a même plus honte « d'aider » ce faisant d'autres « pauvres pécheurs ». On invente la torture et des atrocités de toutes sortes pour se libérer soi-même et les autres de la « faute » selon la plus ancienne et la plus fausse de toutes les erreurs: « Tout peut être payé ».[79]

Il n'y a pour Nietzsche aucun doute, tous ces médicaments ont été oubliés en toute bonne conscience et aucun d'eux n'a jamais rendu les malades plus sains ou les faibles plus forts. Si quelqu'un l'a fondamentalement bien oublié, c'est le prêtre ascétique et dans son sillage, le Christ. Nietzsche dit en résumé :

```
    Le prêtre ascétique a corrompu la santé de
l'âme, partout où il est parvenu à régner, et
ainsi il a également corrompu le goût in artibus
et litteris, -et il le corrompt toujours. « Con-
séquemment » ?[80]
```

…Il faut le démolir.

Qu'est-ce que les idéaux ascétiques signifient? Vers quoi renvoient-ils? Ils renvoient à une volonté de néant. Ce qu'ils développent et où ils mènent vient justement d'être indiqué. Vers quoi renvoient-t-ils d'autre que l'au-delà ? Finalement vers une volonté, qui cherche un but, quelque chose qui les ravit.

« Le sens est ce dans quoi se tient l'intelligibilité de quelque chose » a-t-il été dit plus haut avec Heidegger. « Quel est le sens de l'homme, quel est mon propre sens ? » – C'est probablement là les premiers questionnements des individus repliés sur eux-mêmes. Et aujourd'hui tout un chacun se le demande encore, aussitôt qu'il se replie sur lui-même, que ce soit par faiblesse, maladie ou supériorité. L'idéal ascétique a offert un sens … la réalisation d'un monde véridique, d'un monde bon, d'un monde sanctifié … un objectif que les temps, les peuples, les gens ont interprété inexorablement pour eux-mêmes et n'autorise aucune autre interprétation, aucun autre objectif, qui se défausse, nie, affirme, ne s'en tient qu'à sa propre interprétation. Et il y eut-il jamais une fin à ce système finalisé d'interprétation ?[81] Des générations entières y ont travaillé pendant des siècles et y travaillent encore. Ils travaillent, qu'ils le veuillent ou non, à la diminution de l'homme, ainsi Nietzsche formule-t-il son opposition à ce « but unique », qui fut (et est encore) le plus grand de l'humanité. C'est de lui que l'homme prit sa propre image, abstraction faite de ceux qui de tous temps furent assez forts pour assumer la responsabilité d'eux-mêmes, qui se créèrent et se créent au sein de leur être propre leur but, et qui n'avaient et n'ont besoin d'aucune vérité « derrière » leur vérité. Ceux-là représentent justement un type surhumain dans leur attitude vis-à-vis des « bons et justes » de l'idéal ascétique. Ils sont ceux qui osent poser la question quelque peu ironique dans la bouche de ce gouverneur romain, Ponce-Pilate : « Qu'est-ce que la vérité ? ».

Et avec ceci, nous en sommes au dernier angle que Nietzsche donne au troisième traité sur la généalogie de la morale.

La science moderne a été célébrée et est célébrée comme le vainqueur de la foi en Dieu et de la miraculeuse œuvre divine. Mais si l'on regarde de plus près, il s'avère qu'elle aussi est bien la dernière alliée de l'idéal ascétique, avec sa surestimation de la vérité parce qu'elle fait siennes ses suppositions[82] : « Il y a une vérité, si seulement nous la connaissions, alors … oui, alors … »

```
La       science       comme       moyen       d'auto-
étourdissement : connaissez- vous cela ?83
```

LA MALEDICTION DU CHRISTIANISME

Que signifie toute quête de vérité ?[84]

La vérité est ce qui éternellement exact. Et le royaume de Dieu est véritable. Mais est-ce que le royaume de Dieu est une vérité ou n'est-ce pas plutôt que les prêtres ont simplement accolé l'attribut de « véritable » à leur représentation d'une vie parfaite, de même que l'on trouve évidemment et subjectivement sa petite amie ou petit ami de « jolie » ? Je pense que Nietzsche répondrait affirmativement à cette dernière question. Bon, beau et vrai sont les premières et dernières valeurs que l'homme a à conférer et confère quotidiennement ; elles trahissent sa position vis-à-vis des choses et des événements, quelques qu'elles soient. Elles n'apportent aucune garantie de plus là-dessus. Cependant, certaines évaluations de valeur peuvent gagner en puissance et en supériorité, les chrétiennes par exemple, et ensuite les individus peuvent remplacer les valeurs ou repenser l'échelle de valeurs, qu'ils ne seraient pas capables eux-mêmes de préférer dans certaines circonstances. C'est toujours le point où commence le mensonge. – « L'erreur est la *lâcheté...* »[85]

L'échelle de valeurs chrétienne a triomphé au cours des 2000 dernières années, elle a acquis la suprématie, cela ne fait aucun doute pour Nietzsche. Et l'homme moderne est un menteur, comme probablement jamais ne le fut l'homme auparavant. Ce dont Nietzsche souffre, c'est que presque personne ne le remarque. Jamais mensonge ne fut si innocent.

Avec la *Généalogie de la morale*, cet *Ecrit de combat*, la tentative a été faite de divulguer la fausseté de ce qui concerne l'origine de nos valeurs et de certains « faits moraux » (comme

---

[i] Sous-titre de l'oeuvre

la mauvaise conscience). *L'Antéchrist, la malédiction du christia-*
nisme[i], est liée à celle-ci et donne un nom au mal. Le chemin
vers la prédominance d'une échelle de valeurs est désormais
compris sommairement comme événement historique, dont le
véhicule (moyen de transport et de secours) est le Christianisme.

DE QUOI IL S'AGIT

```
     Ce n'est pas le problème de ce qui fera
suite à l'humanité dans la succession des êtres
que je pose ici (-l'homme est une fin-) : mais
quel type d'homme on doit produire, on doit vou-
loir, comme étant de qualité supérieure, plus
digne de vivre, plus confiant en l'avenir.
```
[86]

La Généalogie de la morale s'achève, comme l'on a décrit
brièvement plus haut, avec une vue des idéaux ascétiques. Le
livre se termine avec un point d'interrogation concernant le
contre-idéal de l'idéal ascétique. *L'Antéchrist* s'ouvre avec
l'esquisse de quelque chose de semblable et la lumière de ce
nouvel idéal se réverbérant sur le matin de l'humanité, on règle
son compte à l'ancien idéal – Dieu est déjà mort depuis longtemps à ce moment-là, maintenant, il est, avec ce qu'il a laissé
derrière, enfin placé *ad acta*. Place à quelque chose de nouveau !
Il est midi !
« Vieil idéal », « nouvel idéal » ? En relation avec la proposition selon laquelle il n'y a pas de valeur qui ne soit attachée
à la vie, il est clair qu'il s'agit tout aussi de bien de parler d'un
« type d'homme ». *Le code chiffre des personnes pour le « nouveau »*
type est appelé « Surhomme »[87] Mais que le surhomme en tant que
personnification du nouvel idéal doive paraître terrifiant aux
représentants et combattants du vieil idéal sera d'autant plus

---

[i] Sous-titre de l'oeuvre

clair dès le premier coup d'œil sur le nouvel idéal. Dans la mesure où presque inévitablement, en tant qu'homme moderne, on a tant et tant intériorisé soi-même l'ancien idéal, on se sentira soi-même attaqué.

> Qu'est-ce qui est bon ? – Tout ce qui élève dans l'homme le sentiment de la puissance, de la volonté de puissance, la puissance elle-même.
> Qu'est-ce qui est mauvais ? – Tout ce qui provient de la faiblesse.
> Qu'est-ce que le bonheur ? – Le sentiment de croissance du pouvoir, que la résistance est surmontée.
> Pas de satisfaction, mais plus de pouvoir ; surtout pas de paix, mais la guerre ; pas de vertu, mais la capacité (la capacité dans le style Renaissance, « virtu », vertu exempte de moralisme).
> Les faibles et les avortons doivent disparaître : c'est le principe premier de notre philanthropie. Et on doit les aider à disparaître.
> Qu'y a-t-il de pire qu'un vice ? – La compassion active avec les avortons et les faibles – Le christianisme...[88]

Voici le nouvel idéal, le nouveau type d'homme – en esquisse.

On ne devrait pas ici craindre l'obscurité et supposer la cruauté, on ne devrait pas ressentir de l'angoisse, mais du courage et se rappeler que ce n'est pas le fort qui dégénère et s'empoisonne dans les cimes, mais le faible, à qui il ne revient pas de ranimer la bête, de se défaire de l'illusion honteuse et de reconnaître le vieil idéal comme tel.

Le *grand midi* est long. Nietzsche a estimé que selon lui, il se passerait bien 200 ans avant que nous ayons en Europe complètement[89] secoué l'ordre moral chrétien. La moitié du chemin est donc, peut-être, déjà faite.

L'échelle de valeurs chrétienne a remporté la victoire dans le combat pour l'interprétation de l'existence. Les valeurs décadentes, valeurs de la décomposition, de la vie rampante ont été couronnées de succès grâce à elle. La réalisation d'un ordre moral du monde figurait sur les bannières du « Soulèvement des esclaves de la morale ». Dieu était déjà considéré comme dépassé lorsque la Révolution française a appelé à l'égalité des droits pour tous, mais c'était l'idéal ascétique, la volonté de néant, qui conduisait les européens à faire un pas de plus en direction du nihilisme[90]. La France avait (heureusement) Napoléon, cet ultime « index vers l'autre chemin »[91], et s en tira avec un œil au beurre noir. L'Allemagne n'eut pas cette chance. Avec Schopenhauer la compassion devint ici une vertu[92], avec Kant la réalité ne fut qu'une « illusion » et le monde intelligible un chemin secret pour le vieil idéal du « monde réel »[93]. Le reste fut accompli avec la stricte nourriture à base de journaux, de politique, de bière et de musique wagnérienne, toutes choses dans lesquelles Nietzsche voyait les causes de la désolation indéniable et déjà palpable de l'esprit allemand[94]. Mais il fallut bien 40 ans avant que

> Ces tous nouveaux spéculateurs en idéalisme, les antisémites qui tournent les yeux de façon chrétienne-aryenne-bonhomme et par abus exaspérant d'un procédé d'agitation des plus médiocres, la pose morale, cherchent à exciter tout ce qu'il y a de bêtes-à-cornes dans le peuple[95]

…ils trouvèrent leurs grands agitateurs et le ressentiment s'exaspéra encore.

Comment se fait-il qu'il en soit ainsi ? Pourquoi revient-il toujours et encore?

La tendance hostile à la vie caractéristique de tout idéal ascétique ne s'exprime pas seulement en faveur des déshérités et des disgrâciés de la vie, mais maintient fermement en vie la multitude des dégénérés en tous genres[96]. En bref : « La compassion pour tous les débiles et les faibles – le christianisme »[97] agit ainsi « aussi bien comme *multiplicateur* de la misère que *conservateur* de celle-ci et constitue le principal instrument de la décadence – Compatir persuade d'aller vers le nihilisme ! »[98]

« Echelle de valeurs chrétienne », « idéaux ascétiques », « Nihilisme », « soulèvement d'esclaves dans la morale », « instinct de théologien », « sainteté », « démocratie », « l'ordre moral du monde », « idéalisme », « Philosophie » – ce sont autant de noms et de mots qui renvoient vers une seule et même chose, l'expression de visages innombrables qui sont une seule et même chose et exigent une seule et même chose – le « *Pourrissement* de l'homme »[99].

Tout cela désigne dédaigneusement du doigt la réalité et, bien entendu, pas eux-mêmes : le chrétien, l'ascète, le nihiliste, l'esclave, le théologien, le Saint, le démocrate, les citoyens du monde moral, l'idéaliste et le philosophe - ils se sentent tous supérieurs à la réalité, ils ont « contemplé » un morceau de « monde réel » et regardent maintenant la réalité à partir de leur ignoble univers de fiction, ils sont le ressentiment contre la réalité et contre tout ce qui est naturel.

Et d'où vient cette aversion émotionnelle, ce profond malaise à la réalité ?

Qui donc a des raisons de s'affranchir mensongèrement de la réalité ? Celui qui en pâtit. Mais pâtir de la réalité signifie que l'on représente une réalité d'échec ... La prédominance des sentiments de déplaisir sur ceux de plaisir représente la cause de toute morale fictive et de toute religion : et c'est cette même prédominance qui livre la formule de la décadence...[100]

Et c'est cela qu'il s'agit de surmonter dans les grandes et petites choses.

AVEC QUOI CELA DEBUTA

Cela a commencé avec la transformation d'un Dieu issu de la misère en une échappatoire vers un dieu du néant.

Comme toute nation le peuple juif avait lui-aussi autrefois son propre Dieu : Yahvé est adoré dans les conditions dans lesquelles il avait pris le dessus[101]. Il était l'expression de « la conscience de la puissance, de la joie de soi, de l'espérance en soi-même : on attendait de lui la victoire et le salut, avec lui on mettait sa confiance dans la nature, elle donnerait au peuple ce dont il a besoin – et d'abord la pluie »[102]. Yahvé était un dieu populaire et Israël était « son peuple élu. »

Lorsque ce peuple se vit jeté dans la pire détresse, déchiré à l'intérieur, menacé de l'extérieur, et enfin asservi par Rome à un peuple de maîtres, il accomplit le plus incroyable des sacrifices jusqu'alors connus dans l'histoire humaine : il renversa les valeurs dominantes « avec une effarante cohérence »[103].

Bon = noble = puissant = beau = heureux = aimé de Dieu, ainsi s'énonçait le canon des nobles valeurs régnantes[104]. Mais les Juifs devinèrent dans le renversement de celles-ci un pouvoir, avec lequel on peut venir à bout du « monde », ils prirent le parti de tous les instincts de décadence[105] avec la plus féroce énergie vitale, avec l'intelligence d'auto-préservation la plus profonde et sont donc

l'opposé de tous les décadents ; ils ont dû les représenter jusqu'à l'illusion, ils ont su, en atteignant le nec plus ultra du génie théâtral, se placer en tête de tous les mouvements décadents (– en tant que christianisme de Paul –) et tirer d'eux-mêmes quelque chose qui soit plus fort que tout parti d'adhésion à la vie. La décadence est pour le type d'individus qui dans le judaïsme et le christianisme recherchent le pouvoir un genre de sacerdoce, rien qu'un moyen : ce type d'individus a un intérêt vital à rendre ma-

```
lade l'humanité et falsifier les concepts de
« bien », « mauvais », « vrai », « faux » en ap-
pellations mortifères et diffamatoires pour le
monde.¹⁰⁶
```

Mais le christianisme ne fait pas que plonger ses racines dans le judaïsme, il constitue aussi son prolongement logique.

Dieu passe d'un symbole du culte de soi-même à un instrument de pouvoir dans les mains du prêtre. Tant qu'il était le Dieu du peuple, on l'invoquait pour lui demander son aide, mais désormais on connaît sa volonté. Ce n'est rien d'autre pourtant que la volonté du prêtre de prendre le pouvoir sur les hommes. Tout sera interprété désormais conformément à cette volonté, qui est maintenant la volonté de Dieu. Tout d'abord, le concept de Dieu doit changer. Il était une garantie de richesse et de pouvoir, il est maintenant l'avocat de tous les malades, des faibles et des opprimés. On passe des conditions de la pleine possession de soi-même à la justification de tout ce qui est morbide. *Tout ce qui se tient debout est suspect.*

Maintenant que Dieu a une volonté et son petit troupeau élu, il promet – et le maudit – à son troupeau, le royaume des cieux (que pouvait-il promettre d'autre, lui le Dieu des faibles, en ce monde) ; à tout ce qui n'est pas le troupeau qui se place sous sa grâce, mais qui possède une volonté, une volonté propre, il promet l'enfer. Chaque signe de protestation contre l'impuissance est un péché contre Dieu. Le malheur est sous le sceau de dieu selon le prêtre, comme une punition pour la rébellion contre lui – « puisse la brebis fouiller dans son âme, elle y trouvera une raison » – le bonheur est une récompense de l'obéissance. Pour autant que cela est nécessaire, « Dieu » préserve un reste de réalisme et fait céder « à César ce qui est à César », « on veut simplement « l'âme » ».¹⁰⁷

Ce pauvre imbécile, qu'on a appelé le Fils de ce nouveau dieu, a été si malchanceux, si impuissant qu'il n'était plus capable de désir, du moindre désir. Involontairement, il porté tout cela à son comble. Voici le profil psychologique de son être selon Nietzsche:

> Nous connaissons un état d'irritabilité maladive du toucher, qui se révulse à tout contact d'un corps solide. Si l'on traduit un tel habitus physiologique dans sa dernière logique – comme haine instinctive de toute réalité , comme fuite vers l' « inconnaissable », dans l' « insaisissable », comme répugnance pour toute formulation de l'espace et du temps, contre tout ce qui est concret , coutume, institution, église, en tant qu'appartenance à-être dans un monde hors de toute réalité, un monde purement « intérieur », un monde « vrai », un monde «éternel» . . . « Le royaume de Dieu est en vous »...[108]

> L'exclusion instinctive de toute aversion ,de toute hostilité , de toute limite, de toute distance dans le sentiment : c'est la conséquence d'une aptitude à la douleur extrême et à la capacité d' irritation qui éprouve toute résistance, qui ressent tout effort de résistance comme une insupportable corvée (c'est à dire nocive , déconseillée comme instinct de conservation) et ne connaît le bonheur (la joie) que dans l'abandon de toute résistance à qui que ce soit, à quoi que ce soit, ni aux maux ni au mal – l'amour comme la seule, la dernière option de vie...[109]

Dans le « sauveur » se tient toute la réalité imprévue du concept délirant du Dieu des malades, des faibles et impuissants. Soudain le moyen, l'outil était là, vivant, et les prêtres étaient alarmés. Il était là, le roi des Juifs, qui avait découvert leur misère comme une béquille de leur pouvoir. C'était peut-être une stupidité sans égale, qu'ils ne l'aient même pas canonisé. Il ne les aurait pas gêné, ils auraient pu faire avec lui ce qu'ils voulaient, il aurait été transparent. Mais ils ont eu peur et croyaient trop à leur propre invention. Ils l'ont cloué à la croix et ainsi pourrait-on l'utiliser en toute innocence. Il était comme moyen et toujours *disponible*. Le malentendu suivant était prêt. De la décadence on déduisait la sainteté – « Ne surtout pas résister ! ».

La volonté de Dieu avait déjà été inventée, on pourrait pécher contre lui et faire pénitence, s'administrer soi-même la punition, se créer l'idéal commun d'être le plus malade. Souffrir signifie expier. La souffrance des saints ne pourrait pourtant jamais être l'expiation de sa faute, il ne s'était opposé à rien. Il doit, si sa souffrance revêt un sens quelconque, avoir souffert pour la culpabilité et le péché des autres. Le plus grand traité d'indulgence du monde, initié par Dieu lui-même, clouer son propre fils sur la croix pour la culpabilité du monde contre lui – quelle pitié ! Quelle bonne nouvelle : « Si les choses ne prennent pas un cours tout différent, alors le plus innocent d'entre vous sera abattu. » Afin de ne pas éveiller ici les soupçons, seule l'invention du salut éternel dans la vie éternelle apporta du secours – la doctrine de l'immortalité. La conséquence de cette erreur fatale et de la promesse de vengeance, de juger en droit, fut l'adjudication aux pires individus d'appâts pour leurs plus bas instincts. La pierre angulaire du « Dysangelium »[110] était placée et la suprématie du prêtre instituée en tant qu'oreille et voix de Dieu.[111]

Avec quoi? Avec du « zéro, concept et contradiction »[112], issus de la décadence, ne tenant que par eux-mêmes et, par conséquent, contraints à se maintenir, voire à se multiplier comme un moyen de puissance.

L'église, ou le maître de l'idéal ascétique, ne désire pas le pouvoir séculier – Le Pape Benoît XVI l'a confirmé à nouveau au début de cette année. Elle ne peut pas le vouloir parce qu'elle n'a rien à offrir au monde. La responsabilité de la vraie prospérité va profondément à l'encontre de l'Église – instinctivement. On sait sur quelle base on se situe, ce dont on a besoin pour demeurer au faîte – une grande souffrance. Et l'on produit toutes sortes de monstres ou on les laisse prospérer.

CE QUI S'ENSUIVIT

La tolérance des puissants était le destin de Rome. « Qu'ils adorent leurs dieux, nous sommes les plus puissants. » Ainsi pensait-on à Rome. On n'a pas vu l'explosif qui se cachait dans ce nouveau Dieu vraiment très différent. Puis en fin de compte on crut devoir s'allier avec lui, et ce fut une mort lente. Finalement, quelques hordes de barbares germaniques atteignirent l'Imperium Romanum de plus en plus affaibli par le venin de cette araignée pour l'achever.[113]

L'évasion hors du monde laissa tout ce qui était terrestre se transformer de plus en plus en ombre. La réalité fut finalement dégradée en apparence. Un au-delà fut inventé, dans lequel on pouvait tout promettre, sans crainte d'être jamais réfuté. La morale du ressentiment avait extrait le mal de la morale des maîtres hors des bons pour être elle-même approuvée. Et de la sorte agir désormais comme réalité. La nature n'est plus vécue comme divine, c'est Dieu qui explique l'origine de toute la nature et des concepts qui s'y rattachent. « Naturel » devient le terme pour « condamnable »[114]. Même Kant pense ainsi. Tout ce qui est de l'ordre du sensible est dévalué. On inventa de jolis noms pour dissimuler les problèmes. La plaisanterie de la création ex nihilo prit le nom de « Création ». Toute la pourriture du monde fut balancée dans le soi-disant « péché originel », dans le désir d'acquérir une compréhension du monde. « Vous ne devez pas vouloir savoir » est la première chose que dieu écrit dans le livret de famille de l'humanité. Mais cela ne servit de rien et il dut donc noyer le « premier jet »[115]. Cela non plus ne réussit pas et il balança son propre fils sur la croix. Et si ça ne marche pas encore, on détruira la planète. – Le Seigneur l'a donnée, le Seigneur la reprend, transformez-vous en mendiants et cessez de vous laver !

Mais assez! Dans l'ensemble de cette perspective, il n'y a vraiment plus rien à démontrer. Paul lui-même écrit dans sa première lettre aux Corinthiens, dans une candeur presque admirable, ce qui se passa alors :

> Car il est écrit (Esaïe 29:14) : « Je détruirai la sagesse des Sages et je rejetterai l'intelligence des intelligents. »
>
> Où est le sage ? Où sont les scribes cultivés ? Où sont les sages de ce monde ? Est-ce que Dieu n'a pas fait de la sagesse du monde un non-sens ?
>
> [...]
>
> Voici, mes frères, votre vocation. Ni beaucoup de sages selon la chair, ni beaucoup de puissants, ni beaucoup de nobles, ne sont appelés.
>
> Mais Dieu a choisi pour confondre les sages ce qui est fou aux yeux du monde, et les choses faibles du monde, Dieu les a choisies pour confondre ce qui est fort ;
>
> et les choses viles du monde et ce qui est méprisé Dieu les a choisies, tout cela qui n'est rien, pour réduire à néant celles qui sont,
>
> de sorte qu'aucune personne ne se glorifie devant Dieu.
>
> Mais c'est par lui que vous êtes en Jésus - Christ, qui a été fait par dieu pour notre sagesse, justice, sanctification et rédemption,
>
> ainsi, comme il est écrit (Jérémie 9,22.23) : « Celui qui se glorifie, se glorifie dans le Seigneur ».[116]

Ce qui est quelque chose, cela sera honteux. Celui qui se glorifie, se glorifie dans le Seigneur, qui veut que l'on ne soit rien. – Voici la folie furieuse, la volonté de néant. C'est la volonté du prêtre qui assoit ainsi son pouvoir.

> Ce « Dieu » que Paul lui-même inventa, un Dieu qui « confond la sagesse du monde » (au sens strict des deux principaux adversaires de toute superstition, la philologie et la médecine) comme honte ne correspond en fait qu'à la décision résolue de Paul lui-même : appeler « Dieu » sa propre volonté, torah, c'est purement juif. Paul veut confondre « la sagesse du monde » : ses en-

nemis sont les bons médecins et philologues de l'école Alexandrine - il leur fait la guerre. En fait, on n'est pas un philologue ou médecin sans être aussi un Antéchrist. En tant que philologue, on regarde ce qu'il y a derrière les « livres saints », en tant que médecin derrière la déchéance physiologique typique du chrétien. Le médecin dit : « incurable », le philologue « Vertigo »...[117]

Le christianisme a triomphé. Il a tenu 2000 ans avec ses mensonges et ses inventions. Il a tramé tout un ensemble de « fictions du monde » avec des « causes imaginaires » (Dieu, l'âme, le libre arbitre, absence de libre- arbitre), « effets imaginaires » (péché, rédemption, grâce, punition), « êtres imaginaires » (Dieu, esprits, âmes), une « psychologie de l'imaginaire » (regrets, remords, tentations du diable, proximité de Dieu) et une « téléologie imaginaire » (royaume de Dieu, jugement dernier, vie éternelle)[118]. Une foule de gens s'appuient sur ce fatras encore aujourd'hui ; et les philosophes y ont participé assidûment, séduit par la vérité éternelle, ils ont aidé à construire le mensonge de l '« ordre moral du monde ».

Qu'est-ce que « l'ordre moral du monde » ? C'est, une fois pour toutes, la volonté de Dieu d'indiquer à l'homme ce qu'il doit faire, ce qu'il doit abandonner ; que la valeur d'une nation, d'un individu se mesure à sa capacité à plus ou moins obéir à la volonté de Dieu; que dans le destin d'une nation, d'un individu ce soit la volonté de dieu qui domine, que ce soit de punir ou de récompenser, selon le degré d'obéissance.[119]

Il s'agit d'absorber le ressentiment, de servir la décadence, car « l'homme préfère encore vouloir le néant que de ne pas vouloir »[120]. La faiblesse sera abrogée, sera infinie, faible et petit[121] ; vouloir...

```
       qu'il n'y ait plus rien à craindre un jour
quelque part ! Un jour quelque part – la volonté
et la façon d'y arriver s'appelle aujourd'hui
partout en Europe, le « progrès ».¹²²
```

L'autre grand moyen de séduction, qui plonge ses racines dans le christianisme et dont les conséquences sont pour Nietzsche tout aussi dévastatrices, est la croyance ou la volonté d'une sorte d'égalité des êtres ou des âmes humaines. Cette croyance, cette volonté se révèle aussi, si on l'examine de près, en dernière analyse la croyance ou la volonté du néant. Puisque rien ne demeure, on réfléchit sérieusement et jusqu'au bout à cette égalité forcément naturelle. On peut aussi sérieusement n'en pas vouloir de cette égalité. Et pourtant : sur quel drapeau des mouvements politiques modernes ne figure-t-elle pas ? Et combien de gens pensent à autre chose que l'égalité quand ils réclament la justice ?

L'Idiosyncrasie des decadents

Dans les derniers chapitres des siècles entiers ont été considérés d'un paragraphe et des millénaires survolés d'une phrase à certains endroits. Un formidable développement est retracé de manière schématique. Et c'est avec une prétention de ce genre que l'on revendique pour le moins de mettre en lumière les soi disants faits ou de décrire ce qui s'est réellement passé, dans le sens de qui était quand et de pourquoi il a dit, fait ou pensé telle chose. On comprendrait Nietzsche de manière erronée si l'on pensait qu'il s'exprime sur Jésus ou Paul de la même manière que sur la date de la bataille de Salamine. Il s'agit bien plus de tendances psychologiques et de mécanismes. L' « Histoire » n'est que le véhicule permettant de les confirmer ou de les infirmer. Néanmoins, tout cela est pris au sérieux et rencontre l'assentiment de Nietzsche, sans qu'il soit indispensable de « prouver » les faits au cas par cas.

En outre, pour faire court : il s'agit d'un état de choses : la victoire d'une vie rabaissée, aux prises avec la vie florissante. En conséquence de quoi il appert que, pour le moins, l'homme des « contrées cultivées », en tous cas « l'Europe »[123], personnifie la vie déclinante, dégénérative et ne se pose en raison de ses idéaux en aucun cas contre cette tendance. Bien au contraire, celle-ci est d'autant plus encouragée.

Nietzsche voit l'homme moderne arrivé à un point comparable à celui où l'homme était enfermé dans « l'Etat » d'un quelconque conquérant issu de la « race des seigneurs et soumis à sa férule »[124]. À ce stade, Nietzsche utilisait l'image des animaux aquatiques, « comme si ils avaient été contraints de devenir des animaux terrestres ou périr ».[125]

Tout à coup, tous leurs instincts ont été dévalués et « hors service ». Ils devaient désor-

mais aller sur leurs pieds et « se porter eux-
mêmes », alors qu'auparavant ils étaient portés
par l'eau : une terrible pesanteur les écra-
sait.»[126]

Ce que l'homme moderne exprime n'est pas tant le car-
can de « l'état », mais la morale d'esclave parvenue quasiment
au stade d'instinct. La pression vient maintenant non plus du
fouet, mais de la prise de conscience que l'on doit consacrer sa
vie aux valeurs de décadence et de déclin et même qu'elle constitue quelque chose de pourrissant ou de débilitant.

L'Européen se travestit de moralité, parce
qu'il est devenu un animal malade, maladif, un
avorton qui a de bonnes raisons d'être « appri-
voisé », car il est presque un produit de fausse
couche, quelque chose d'inachevé, de faible, de
gauche...[127]

Bien sûr! Qui ne voit ou sent cela ne voit rien. Mais
Nietzsche en est au moins affecté au plus profond. Parce qu'il
se considère comme celui qui a vu le premier la tendance au
déclin, la volonté de néant et la morale comme un problème,
comme expression de cela, et la reconnut comme véhicule.

Ce qu'il voit dans les gens d'aujourd'hui qui se baignent,
comme autrefois les animaux aquatiques dans l'eau, c'est la
« *déraison immortelle* »[128], la croyance en la morale. La croyance
que la morale est quelque chose que quiconque, si il le conçoit
bien, peut une fois pour toutes énoncer dans sa vérité soit ce
qu'il faut faire ou ne pas faire. Là-dessus, selon Nietzsche,
s'appuie une part démesurée des efforts philosophiques réalisés
jusqu'alors. Et dans la mesure où la morale n'était tout simplement pas auparavant considérée comme un problème. Depuis
que Dieu se mourait lentement, ce furent les philosophes qui
maintinrent cette absurdité, en firent une donnée scientifique,
et c'est la raison pour laquelle Nietzsche dit dans sa *loi contre le
christianisme* :

        Le criminel dans le chrétien s'augmente à
mesure qu'il s'approche de la science. Le criminel des criminels est donc le philosophe.[129]

    Combien la morale prise dans un sens négatif devient problématique, Nietzsche s'est peu à peu tourné vers cette perspective. Elle figure de manière intuitive certainement dès le début de son oeuvre, travestie d'une manière ou d'une autre, par exemple dans les *considérations inactuelles*. Même dans *La Naissance de la tragédie*, son premier ouvrage, Nietzsche se place, rétrospectivement parlant, dans le contexte de cette critique morale : « La « naissance de la Tragédie » était ma première inversion de toutes les valeurs »[130].

    Dans son dernier ouvrage, *Ecce Homo*, la critique morale trouve son expression la plus claire et son apogée. Nietzsche donne une « *définition de la morale* » et cherche ainsi à faire en sorte que la prégnance absolue de la question de la morale soit repoussée de notre conscience, que notre conscience ne soit plus dépendante d'elle, mais qu'au contraire nous établissions par nous-même la morale comme question de conscience. Quiconque suit la définition nietzschéenne de la morale ressentira l'idée du « poids épouvantable » que pour parler de manière imagée, ressentirent les animaux marins lorsqu'ils durent aller sur leurs pattes et se porter eux-mêmes. Parce qu'avec la divulgation de nos principes les plus enracinés, nos codes moraux, l'homme est contraint de quitter directement cette eau faussement sécurisante avant qu'il ne se noie dedans. Il doit maintenant se réinventer lui-même ses valeurs, il faut se « porter soi-même ».

        L'éclair de la vérité a précisément frappé
ce qui était jusqu'à présent placé au sommet :
celui qui comprend ce qui a été anéanti là peut
regarder si il lui reste encore quelque chose
dans les mains. Tout ce que l'on nommait
jusqu'ici « vérité » est reconnu comme forme du
mensonge le plus nuisible, le plus perfide, le

```
plus souterrain ; le prétexte sacré d' « amélio-
rer » l'humanité comme une ruse pour anémier la
vie, la saigner à blanc.
```
[131]

« C'est pourquoi j'avais besoin d'un mot qui contienne un défi à tout un chacun »[132] dit Nietzsche. *Ce mot c'est « sur-homme »*

LA DEFINITION DE LA MORALE

```
Définition de la morale : la morale - idio-
syncrasie des décadents dans l'intention cachée
de se venger de la vie - et avec succès. Je
trouve que cette définition à de la valeur.
```
[133/i]

La morale est donc :

1. L'idiosyncrasie des décadents
2. L'intention dissimulée de se venger de la vie, ce qui signifie la gâter
3. Le succès de cette intention cachée

Sur le point 1. Les hypersensibles, décadents pleins d''une aversion féroce pour l'esprit et le corps – ceux-là vont vers une morale.

« Je ne veux rien voir! », Dit l'hypersensibilité à la lumière, « La violence n'est pas ma solution! » dit la faiblesse physique « L'exploitation est un moyen honteux ! », explique l'impuissance…

---

[i] **I | di | o | syn | cra | sie** (Médecine : hypersensibilité à certaines substances et stimuli) ; signifie Familièrement : I. Une violente aversion intellectuelle ou aversion physique des choses ou des personnes généralement non justifiable. [Metzler Philosophie Encyclopédie] ; **de | ca | dent** <lat.> (décomposition).

Sur le point 2. Tout d'abord, la morale est l'intention seconde pour prendre sa revanche sur la vie. La conséquence de leur hypersensibilité ou de leur aversion se traduit par une exigence envers le monde et ainsi comme un impératif. Chaque « Je ne veux pas voir », « ne pas faire ceci ou cela », « je contiens un ou l'autre », chaque « non ! », qui est dû à l'incapacité de dire « oui ! », devient exigence pour l'abolition de ses processus respectifs : « Il ne faut pas voir du tout ! », « on devrait intérioriser la violence ! », « le sexe est mauvais ! », « l'exploitation doit être abolie ! »

Sur le point 3. Enfin – et c'est seulement maintenant qu'il s'agit du plein sens de la morale – l'impératif subjectif pour la loi générale du comportement (reconnue par les autres). Dans cette mesure la morale devient nécessairement inhibition et poison pour toute vie viable qui peut être castrée dans sa capacité à voir, à être violente, à exploiter, à créer… – La vengeance a réussi.

La morale est donc le moyen efficace des impuissants contre le pouvoir. Mais pour autant que la vie soit la volonté de puissance, la morale est le véritable « venin de la vie »[134]. La morale est hostile en soi à la vie.

CHAPITRE 3
VIE ET VALEUR

« La vie elle-même est volonté de puissance »[135].
La morale est la réussite de l'impuissance sur le pouvoir.
La morale est hostile à la vie elle-même.

Sans la première proposition, la troisième, l'essence du dernier chapitre, n'a aucun sens. Il manquerait sans cette première proposition ce dans quoi l'intelligibilité de la troisième se tient. Néanmoins, il était impératif que, « indépendamment » de cette première phase de la morale, pour passer au fondement et comprendre son essence et ses conséquences, d'en venir à la seconde qui constitue un pont entre la première et la troisième. Ce faisant il a toujours été question de la vie et la première proposition, pensée au moins de manière sous-jacente, que la morale d'esclave est l'ennemie de la vie qui s'épanouit, qui combat, qui se surpasse et va de l'avant. On ne peut nier en fin de compte que dans l'analyse de Nietzsche dans une certaine mesure, le résultat est escompté au moyen d'une appréciation fondamentale de la référence de la vie « dans sa source ». Nietzsche donne à la vie – ou pour mieux dire à la compréhension de la vie comme volonté de puissance – la priorité. Et alors peut-être se pose la question de savoir s'il n'a pas justifié son concept de la vie à partir de sa critique de la morale. Cette question peut à son tour conduire à une espèce de cercle fermé et à penser ainsi que « morale » et « vie » se définissent réciproquement et qu'en référence aux deux rien ne puisse en fin de compte réellement triompher :

« La morale est mauvaise, elle est une expression de la vie en décomposition, le bien est la vie qui s'épanouit et ne connaît pas de morale. » (selon Nietzsche)

Serait-ce tout, ce qui finalement se dérobe, ainsi rien vraiment ne serait gagné. Parce qu'on pourrait facilement sans rien de plus arriver aussi à l'inverse :

« La moral est bonne, elle est l'expression de la vie qui s'épanouit, ce qui est mauvais est la vie en décomposition qui ne connaît pas la morale. » (So what ?)

Pour résoudre le problème on pourrait se reporter au chapitre précédent en se posant la question de savoir si l'on aurait préféré vivre la vie d'un Jules César ou d'un Jésus-Christ[i], et ainsi obtenir un point d'appui pour prendre une décision. Mais justement la question n'est pas ici de prendre une décision (par sentiment). Il s'agit bien plus de se rendre compte qu'on peut pas juger la vie selon les sentiments de « bien et de mal », mais que c'est la vie elle-même qui est la dernière instance, l'événement le plus propice et que c'est seulement avec un regard sur cette instance supérieure que l'on peut arriver à la compréhension du « bien et du mal », qui donne ensuite la possibilité d'un jugement sur la morale (ainsi définie).

Il apparaît clairement à ce stade que l'on a besoin du concept de la vie selon Nietzsche pour avancer. Parce que dans la mesure où l'on pourra obtenir un sens ou, mieux, une intelligibilité du discours sur la vie indépendamment d'un quelconque concept moral, le problème se révélera être un faux problème. Déjà un certain nombre d'indices suggèrent qu'il s'agit tout à fait de cela.

Le concept de « *vie* » est dans l'œuvre de Nietzsche le plus significatif, ce que confirme le fait qu'il soit si présent. Si l'on place comme termes de recherche « morale* » et « vie* »

---

[i] On peut s'abstenir tranquillement de répondre à cette question de conscience au sujet de la mort, ou plutôt de l'agonie de ces deux-là.

on retrouve le premier dans 1.147 endroits, le second dans 2.294[i]. Sans attacher trop d'importance à ce fait, il est cependant très intéressant, ou si l'on veut amusant, drôle, de constater en déduire facilement à l'aide de quelques hypothèses supplémentaires que la morale représente la moitié de la vie.

Pour demeurer encore brièvement avec les chiffres : si les deux concepts se déterminent mutuellement (dans toutes leurs nuances), on devrait les trouver fréquemment accouplés étroitement. Mais ce n'est pas nécessairement le cas. Si l'on substitue une distance maximale de 50 mots, les deux termes (ces mêmes critères de sélection comme associés ci-dessus) se trouvent dans 210 endroits associés. A une distance maximale de 20 mots, ce ne sont plus que 89 endroits.

Mais laissons de côté les chiffres. La morale est – et dans ce contexte, il n'est même pas nécessaire de partager la définition morale de Nietzsche – une conséquence de la vie. De même que la reconnaissance est une conséquence de la vie.

La vie est la puissance régnante suprême, car une reconnaissance qui détruirait la vie se détruirait avec elle dans le même temps.[136]

La même chose s'applique à l'égard de la morale. Elle est subordonnée à la vie pour la même raison et d'autant plus que la morale l'exige également : « La vie n'est pas interprétée par la morale »[137], mais à l'inverse, la morale par vie. Elle doit donc posséder l'intérêt le plus vif au maintien des conditions de sa propre possibilité ; ce qui s'applique également à la reconnaissance.

La reconnaissance suppose la vie, a donc à la préservation de la vie le même intérêt que chaque être accorde à la continuité de sa propre existence.[138]

---

[i] On a utilisé pour ce décompte les chiffres cité dans l'annexe B1, utilisés également dans « Nietzsche contra Wagner »

Dans la perspective de la définition de la morale il devient donc clair que celle-là même ne peut être comprise comme la détermination la plus commune de la compréhension du concept de « morale ». Ce que l'on entend sous le terme de morale, sous-entend bien précisément (par définition) ses propres conditions. Si une morale ainsi comprise était la seule liée aux résultats effectifs de la reconnaissance, cela se traduirait dans le contexte de ce qui a été dit par une contradiction – la connaissance (morale) appliquée se substituerait à la vie.

Nous devons nous en tenir à ceci : la « définition de la morale » se réfère uniquement aux esclaves, aux troupeaux ou à la morale chrétienne. Le contexte dans lequel elle est formulée par Nietzsche dans *Ecce Homo*, suggère cette limitation. Mais elle est presque la seule et unique morale, parce que, selon l'intuition de Nietzsche, elle a jusqu'ici tout contaminé : « Vous êtes nés, vous avez été cachés dans les mensonges des bons. Tout a été falsifié et dissimulé par les bons dans la terre. »[139]

On devrait donc peut-être comprendre la définition plutôt comme Loi – et comme une loi *pour la langue*. Autrement dit, on devrait nommer morale un « Tu dois… » alors – et alors seulement – elle peut être ramenée à une « idiosyncrasie du décadent ». Si la tentative est :

```
le fait de traduire « Je vais mourir » à
l'impératif : « Vous devrez tous mourir » – et
pas seulement à l'impératif !
```
[140]

Tant que quelque chose de ce genre s'appelle morale, c'est, dans une perspective vitale, mauvais. Et pas parce qu'un « aller dans la terre » est mis en avant, mais de ce qui, de ce fait, va périr : la vie elle-même.

```
Et ce secret c'est la vie elle-même qui me
l'a confié. « Voici, a-t-elle dit, je suis ce qui
doit toujours se surpasser soi-même. »
```
[141]

« Périr » n'est rien, ce qui pour ainsi dire, « mène loin de la vie », et donc en quelque sorte se place contre la vie ou se place hors d'elle. Non! La vie elle-même est un constant « périr », la mort n'est pas séparée de la vie, mais au contraire embrassée, contenue en elle – un « accident »[i]

Mais que serait, du point de vue de la vie, la morale appropriée? Quel serait – et pour respecter *la loi pour la langue* déjà posée, je ne veux plus utiliser ici le concept de « Morale » – une pratique correspondant à la vie?

« *Le surhomme est la vie* » a-t-il été dit à la fin du chapitre 1. « Comment vit le surhomme? » c'est maintenant notre question. Avant qu'elle puisse être recueillie, il reste, comme je l'ai dit, à clarifier le concept de vie de Nietzsche. Le fait que le surhomme est introduit justement dans la question, doit être justifié par un retour au point conclusif du chapitre 1.

> L'espèce d'homme [...] qui conçoit la réalité telle qu'elle est : elle est assez forte pour le faire – elle n'en est pas éloignée, distanciée, elle est elle-même, elle détient en elle tout ce qu'elle comporte de terrible et de douteux, de sorte que l'homme puisse avoir de la grandeur...[142]

Et *le surhomme possède la grandeur*. Il conçoit la réalité telle qu'elle est, il vit la vie et réunit en lui toute sa terreur et tout son questionnement.

---

[i] « Le nom de l'arc est vie (βίος), son acte est la mort » Héraclite.

CE QUE VIVRE SIGNIFIE

```
      Qu'est-ce signifie vivre? - Vivre cela veut
dire : rejeter sans cesse loin de soi ce qui veut
mourir ; vivre - cela veut dire être sans pitié
et cruel pour tout ce qui est vieux et faible en
nous, et pas seulement en nous. Vivre - cela veut
dire aussi : pas de pitié pour les mourants, les
misérables et les vieillards ? Etre sans cesse un
assassin ? Et pourtant le vieux Moïse a dit « Tu
ne tueras point ! »143
```

```
      On a mal observé la vie tant que l'on n'a
vu la main tuer, même avec les plus grands
égards.144
```

La mort ou l'agonie est un moment de la vie et non un chemin, qui nous emporte peut-être vers le néant ou vers dieu, ce qui n'est qu'une autre locution pour désigner le « néant ». Mort et agonie se glissent mieux dans la notion de changement que dans celle citée à l'instant. « Néant » ou « Dieu » ne sont que le dernier brouillard de de la réalité qui s'enfuit, la dernière, la plus fine, la plus vide[145], la plus fantasmatique des ultimes et impossibles abstractions. Et ils commettent une erreur ceux qui placent cette échéance si mince et si vide comme primordiale et si sûre. Le néant/dieu est de ce fait invoqué par eux non seulement comme toute fin, mais aussi comme tout début. La création à partir du néant/dieu et sa réversion dans le néant/dieu est le sophisme qui en ressort.[i]

---

[i] Laminé par exemple par Sartre dans l' « Être et le Néant ».

La phrase qui s'oppose à cela est : « Ex nihilo nihil fit et in nihilum nihil potest reverti »[i]

Elle repose sur une vieille et simple constatation : *le néant n'existe pas !* – Le néant est invisible, on ne peut pas s'en faire une idée plus claire, rien ne peut être aussi clairement établi que le néant n'existe tout simplement pas. L'affirmation inverse serait totalement dépourvue de sens, non-sens. L'argument qui est amené contre cet aphorisme est précisément la justification de sa signification. Il débute de fait avec cette question : « Mais avec cela tu dis, tu penses ou tu sous-entends pourtant quelque chose et prétends ensuite que cela n'existe pas. Est-ce qu'ainsi le néant n'est pas quelque chose, d'une certaine façon ? » Pas du tout répondrons-nous à cela, ainsi : « Vois-tu, le néant n'existe pas ! Tu es obligé toi-même d'accepter d'abord cette assertion pour pouvoir ensuite argumenter contre. Tu fais du néant quelque chose. »[ii]

Qu'est-ce que « néant » peut signifier, de quelle façon le concept peut-il accéder à un sens, cela a été dit plus haut : en tant qu'ultime brouillard de la réalité qui s'évanouit. « Restez fidèle à la terre, mes frères »[146], voudrait-on crier à ce point avec Zarathoustra et prévenir en même temps avec Nietzsche: ne donnez pas « selon cette conclusion des plus dangereuses, que tout roman est un péché contre l'esprit : credo *quia* absurdum est ».[147/iii]

Je prendrai à témoin Parménide, sans m'appesantir plus longtemps sur les interprétations, pour approfondir un deuxième aspect qui trouve son origine dans le mépris du principe que le néant n'existe pas.

---

[i] Librement traduit : « Car rien ne naît de rien et rien ne peut retourner dans rien »

[ii] Ce qui est dit n'est pas dirigé contre la dernière tentative de Heidegger pour une restauration de la métaphysique qui suppose d'avoir des traces de rien « comme rien » et l'a trouvé récemment dans la peur et la mort sur la plus tangible. (Cf. notamment Heidegger « Qu'est-ce que la métaphysique ».)

[iii] Librement traduit : « je crois parce que c'est absurde »

Il faut exprimer et reconnaître l'existence
de l'être ; car c'est le cas il existe, mais pas
le néant ; je t'invite à le prendre en compte.
Car le premier chemin de la recherche, que je
déconseille d'emprunter, c'est celui-là. Et je te
retiens également hors du chemin sur lequel er-
rent les ignorants, les bicéphales. Parce que
l'impuissance attire dans son sein l'esprit égaré, ils sont à la dérive, aussi sourds
qu'aveugle, perplexes, les peuples incapables de
comprendre ce qu'est juger, à qui être et néant
sont semblables et qui en même temps ne leur sont
pas égal, et qui ne voient dans tout cela qu'une
route changeante.[148]

Dans le chapitre 2 nous avons une représentation des
bicéphales, dont l'impuissance dirige l'esprit égaré en leur sein.
Ils vagabondent de la réalité à une nullité sacrée et ne tirent de
tout cela qu'une suite changeante. Mais en fin de compte,
combien de fois sommes-nous nous-mêmes ces mêmes bicéphales, combien de fois nous écartons-nous nous-mêmes de la
« Terre » vers les « purs concepts », dans les « espérances »,
dans le « néant » ?

Pourquoi faisons-nous cela ? Nous cherchons ainsi à
nous libérer de la souffrance. La vie s'aide elle-même ainsi.
Mais du second chapitre, il devrait clairement apparaître où
mène tout cela, à quoi tout cela sert – à la négation de la vie, à
la mort. On devrait donc savoir ce qu'on l'on fait alors et médi-
ter sans cesse la sentence de ce vieux guerrier japonais, Shinmen Musashi.

Il faut éveiller à ce qui existe vraiment,
afin de comprendre ce qui n'existe pas.[149]

L'ETERNELLE TRAGEDIE – DIONYSOS ET APOLLON

Ce chapitre traite de la conception de la vie selon Nietzsche. Un certain nombre d'indices sur son concept de la vie ont déjà été fournis précédemment. Dans cette section nous allons revenir maintenant sur le premier écrit de Nietzsche, *La naissance de la Tragédie*. D'un point de vue restrictif, il s'agit du problème de l'origine de la forme d'art de la tragédie grecque. Plus largement, il s'agit cependant de

```
        voir la science dans l'optique de l'ar-
tiste, mais de voir l'art dans celle de la
vie...150
```

En outre, comme le constate Nietzsche dans son Essai d'une autocritique, elle est chargée de la « question la plus difficile » :

```
        Que signifie la morale regardée à la lu-
mière de la vie ?151
```

Il a été dit plus haut que le problème se résoudrait, si Nietzsche a bien justifié son concept de la vie comme volonté de puissance par sa critique de la morale, lorsque l'on pourrait donner au discours sur la vie indépendamment d'un quelconque concept moral un sens – ou mieux : une intelligibilité. Mais l'art, ainsi qu'il en est traité dans *La Naissance de la tragédie*, est un domaine totalement exclu de la zone morale. La prise en compte de l '« Art sous l'optique de la vie » peut donc étendre et remplir le concept de vie dans une perspective de résolution de ce problème. Par ailleurs, un signal ou un autre se manifestera peut-être dans la perspective de la critique de la « beauté ». Cependant, la concentration de ces considérations a pour objet la vie. Comme l'art le traduit ou le reflète, il est primordial, il est important que dans la description de la vie, comme on l'a dit, il n'y ait aucun lien avec la morale.[i]

Qui, quoi, comment est Dionysos à présent, qui, quoi ou comment Apollon? Les deux sont des dieux grecs anciens. Mais qu'est-ce que sont les dieux?

En ce qui concerne le dieu de toute nation il a été expliqué dans le chapitre 2 qu'originellement on adore soi-même en dieu, son propre essor et ses propres conditions de croissance, ses propres vertus. C'est particulièrement clair avec Mars, par exemple, le dieu romain de la guerre. Rome a vécu de la guerre, de la conquête – et c'est Mars que l'on a précisément adoré et prié. Finalement on se tenait devant Mars comme devant soi-même plein d'une respectueuse horreur. A quoi servent donc maintenant Dionysos et Apollon ?

Lorsque Nietzsche parle d'eux, le mot « pulsion artistique » revient souvent. Mais comme ces « pulsions artistiques » éclatèrent de la nature même, « *sans la médiation de l'artiste humain* »[152], on peut parler, aussi longtemps que l'attention reste portée sur « la vie » et non sur l'art humain, tout simplement de « pulsions ». Et pour se faire maintenant une idée de ces pulsions, on peut songer à l'ivresse et au rêve. L'ivresse est le symbole du dionysiaque, le rêve de l'apollinien. Et ces deux aspects essentiels de la vie sont ceux qui sont glorifiés dans les dieux Dionysos et Apollon qui surgissent brusquement de la vie, dans laquelle ils retombent et à qui, en tant que vie humaine, on peut se livrer délibérément.

Le rêve est illusion, imagination et monde des images, « dans la production duquel chaque être humain est le seul ar-

---

[i] Je ne veux pas cacher ici que l'on peut se retourner contre cette allégation. Dans la « tentative d'auto-critique », que Nietzsche place en tête de de la « Naissance de la tragédie », il est dit dans l'aphorisme 5 : « *Contre* la morale se retourna alors, avec ce livre discutable, mon instinct, comme un instinct de porte-parole de la vie, se retourna contre la morale et inventa une contre-argumentation fondamentale et une contre-évaluation de la vie, purement artistique, *anti-chrétienne.* »

tiste »[153]. Et pour autant que l'homme traduise à lui-même, à travers les images du rêve, la vie, Apollon est « le Dieu de toutes les forces créatives [...] et dans le même temps le dieu de la divination »[154]. Il est donc aussi le Dieu de l'illusion. D'une part, dans le sens où il jette un voile sur la réalité et la dissimule, d'autre part en ce que, tout en posant ce voile sur la réalité fragmentaire, il la mène vers une signification plus haute, plus compréhensible et l'éclaire. Autant Apollon est une « divinité lumineuse »[155], et de cette façon Apollon devient pour Nietzsche « la représentation divine du principe d'individuation »[156]. Apollon unit, fédère, enveloppe en un inséparé et mène ainsi le monde et les « rêveurs » vers une unité. Apollon conduit vers la « dissolution dans l'illusion »[157]. Mais dans un sens différent Apollon isole, car avec sa « dissolution dans l'illusion » il coupe de la réalité le solitaire, le « rêveur ». Mille mondes se fondent en un seul – Apollon, le principe d'individuation.

Dionysos aussi est un dieu d'individuation, mais il l'est d'une manière complètement différente. Cette pulsion ne convertit pas la réalité dans une unité, il associe plutôt tout à la réalité. Il déchire forcément ce voile et le tire ou transforme toute mascarade en réalité brute. La vie et la mort ne font qu'un. Là où Dionysos est à l'œuvre, la volonté de saisir et d'être saisi prennent le pas de manière extatique. Dionysos n'est pas l'entraînement ou l'entraîné, mais le moteur lui-même. Il est le cercle de la vie tournant sur lui-même, tout à fait comme une ronde d'enfants ou un cercle de feu. Là où Dionysos est puissant, l'homme n'est

```
        plus un artiste, il est devenu une œuvre
d'art : la force artistique de la nature entière
se révèle sous le frisson de l'ivresse pour la
satisfaction voluptueuse de l'un primitif portée
à son comble. L'argile le plus noble, le marbre
le plus précieux, l'homme est ici modelé et tail-
lé et, à travers les coups de ciseaux de
l'artiste dionysiaque des mondes, résonne l'appel
```

des mystères d'Eleusis : « vous vous jetez à terre, millions ? Monde, devines-tu le créateur ? »[158]

Cet accent exaltant, qui veut peut-être se saisir de la dignité de ce Dieu, ne doit pas tromper. Dionysos est un Dieu cruel, il se situe non seulement par- delà le bien et le mal, mais aussi au-delà du bon et du mauvais. Le feu brûle tout et ne respecte rien, il est innocent, déraisonnable, la flamme tirée de Dionysos ne veut que se dévorer avidement elle-même, se sacrifie elle-même, veut être flamme et devenir lumière. Ainsi Dionysos est un dieu de lumière – mais tout différent d'Apollon. On pressent ici peut-être l'origine de « l'enfer » et on devine ce qu'est la vie au-delà du voile apollinien. *Le surhomme est la vie – de manière dionysiaque.*

Je le devine, vous appelleriez diable mon surhomme ![159]

Ainsi parle Zarathoustra à ceux qui ont dévoyé le voile apollinien en assommoir moral et amené son rôle à la perversité. Avec leur appel à éteindre le feu c'est à la vie même qu'ils voulaient mettre un terme. Mais assez parlé de cela.

Qu'il en aille autrement, c'est ce que nous montrent les anciens Grecs. Pour eux les héros sont issus des plus grandes flammes entre les hommes. Ils louent dans la transfiguration apollinienne la grande prodigalité. De « l'éternelle vanité »[i] – Dionysos ne connaît aucun pourquoi – s'épanouissent de grands et de petits « c'est pour cela ».

En raison de son amour titanesque pour les gens Prométhée dut être déchiré par les vautours,

---

[i] Qui est la source de l'esprit de lourdeur, que portent avec elles l'ombre du randonneur et l'ombre de Zarathoustra sur toutes les routes. – C'est « l'éternelle vanité » que Nietzsche épie comme second « poison dionysiaque ». [Voir en particulier Z. L'ombre IV.]

du fait de sa sagesse démesurée, qui a résolu
l'énigme du Sphinx, il fallait qu'Œdipe soit jeté
dans un tourbillon confus de crimes monstrueux.[160]

... Et, cela allant presque de soi (pour un grec pré-antique), Achille, le plus grand de tous les guerriers, eut une vie brève – et une gloire immortelle.

Qu'est-ce que cela signifie vivre? Peut-être s'agit-il pour Nietzsche dans tout cela – de la vie, de La Naissance de la tragédie, dans Zarathoustra, dans le surhomme, dans la malédiction sur le christianisme, dans toute son œuvre – de rien de plus que de cette révélation et de cette exigence : vous vous consumez de toute façon ! Réchauffez-vous à vos propres flammes, buvez votre lumière, donnez-vous un sens, mais – brûlez!

« Toi, Grande étoile! [questionnait Zara-thoustra] Quel serait ton bonheur si tu n'avais pas ceux pour lesquels tu brilles ! »[161]

Le néant serait ton bonheur, il n'y aurait aucun bonheur et tu serais – une éternelle vanité.

Briser la force dionysiaque et l'apollinienne, comme indiqué ci-dessus, hors de la vie, sans l'intervention de l'homme, et si la vie peut prendre une autre détermination au-delà de ces deux pulsions, alors ces deux moments sont vraiment nécessaires dans toute vie. Dans les grandes et petites choses de la vie se rencontrent quotidiennement transfiguration apollinienne ou individuation. Les neurologues en sont aujourd'hui les meilleurs promoteurs. Aucune image, aucun sentiment, rien de ce que nous ressentons, disent-ils, n'est une image pure, tout est imbibé et saturé de « modèles », de « filtres » et autres prédéterminations. La plus grande partie de ce que nous voyons, nous ne le voyons même pas, c'est bien au contraire projeté

« de notre cerveau » à notre « visage » – cela détourne notre vision. Les neurologues connaissent peu de chose de la fusion dionysienne et de l'unité de l'être. Mais pour se faire une idée de cela il faudrait tout simplement le comparer à un jeu d'enfants ou un combat de chats. Ou envisager cela comme une expérience sportive, un pari ou une tâche particulièrement absorbante – on rejoint l'existence à fond – on existe, on danse. Les archers japonais disent : « Tu dois te fondre avec la cible », et tout cela pour ne pas parler ici d'abord de sexe.

Mais il ne faudrait pas devenir trop romantique, comme déjà dit, avec ce qui touche à Dionysos. Nietzsche a dit plus tard en reconsidérant dans *Crépuscule des idoles, La Naissance de la Tragédie*, qu'être dionysiaque c'est :

```
    être au-delà de la terreur et de la pitié,
se sentir soi-même dans l'éternelle joie du deve-
nir, -cette joie qui enferme en soi aussi la joie
éternelle de détruire...¹⁶²
```

La Naissance de la tragédie met à jour dans l'art apollinien des anciens Grecs leur chemin avec le cruel jeu dionysiaque dans lequel ils ont été impliqués, qu'eux-mêmes avaient à accomplir. « Notre audace a tracé notre voie sur toute la surface de la terre et de la mer, dressant partout des monuments impérissables pour le bien *et pour le mal.* »¹⁶³ a dit Périclès lors d'une de ses oraisons aux Athéniens. L'interprétation (« notre audace » « monuments impérissables ») est apollinienne, la marque de l'origine dionysiaque et de l'interaction éternelle des deux pulsions a grandi ce que nous appelons aujourd'hui « L'antique et vénérable Grèce ». Nietzsche :

```
    Je ne m'explique l'Etat dorique et l'art
dorique que comme un poste avancé de l'apolli-
nien : c'est seulement dans une résistance inces-
sante à l'essence tyrannique et barbare du diony-
siaque que cet art si austère, ceint de remparts,
dispensant une éducation si guerrière, que cet
```

état si cruel et si impitoyable a pu se maintenir.[164]

Voici là un indicateur de la puissance et la force d'un peuple ou d'une personne : jusqu'à quel point Dionysos surclasse-t-il Apollon, dans quelle mesure Apollon peut-il provoquer Dionysos, jusqu'où peuvent-ils se hausser mutuellement? Plaçons-nous finalement avec Nietzsche à un endroit où, « intuitivement » l'action réciproque des deux pulsions peut atteindre nécessairement une existence digne de la Grèce antique :

Circulant sous de hautes colonnades ioniques, levant le regard vers un horizon que découpent des lignes pleines de pureté et de noblesse, côtoyant des reflets de sa figure transfigurée sur le marbre éclatant, entouré d'hommes à la démarche solennelle, aux mouvements pleins de délicatesse, aux accents harmonieux et aux gestes constituants un langage rythmique – face à cet afflux continuel de beauté, ne s'écrierait-on pas nécessairement levant la main vers Apollon : « Bienheureux peuple des Hellènes ! Que Dionysos doit être puissant chez vous si le dieu de Délos considère une telle magie comme nécessaire pour guérir votre délire dithyrambique ! » – Mais à un homme animé d'un tel sentiment, un vieil Athénien, levant sur lui le regard avec l'œil sublime d'Eschyle, pourrait répondre : « Ajoute encore ceci, singulier étranger : que ce peuple a du souffrir pour pouvoir devenir si beau ! Mais à présent suis-moi à la tragédie et sacrifie avec moi au temple des deux divinités ! »[165]

VERITE

Toute vie repose sur l'apparence, l'art, la tromperie, l'optique, la nécessité de perspective et d'erreur.[166]

La vie [...] veut la tromperie, elle se nourrit de la tromperie...[167]

Il est possible que l'apparence, la volonté de tromperie, l'intérêt et le désir d'une plus grande et plus fondamentale valeur doivent être attribuées à toute existence.[168]

Ces citations extraites de la préface de *La Naissance de la tragédie, Humain, trop humain* et *Par-delà bien et mal* doivent une fois encore illustrer le bénéfice d'un règlement de comptes avec l'art et la vie. Sa pièce maîtresse est l'une des prémisses essentielles de la pensée de Nietzsche et ses conséquences mènent peut-être à quelques « nouvelles » vérités. Dans l'ancienne « vérité » l'illusion ne tenait aucune place ; son épithète décisive était : « absolue ».

Mais qu'ont à faire intérêt et désir avec la tromperie ?

En revenant une fois de plus aux concepts de la section précédente, qu'il soit rappelé : Apollon est le principe d'individuation. La conception fausse de tromperie qui répandue se résume « grosso modo » à ce qu'il y aurait une réalité, mais que celle-ci apparaîtrait différente selon le regard des différents spectateurs et de ce fait tout un chacun se tromperait sur une seule et même chose, *la* vérité. La soi-disant théorie de la correspondance décrète de ce fait depuis la scholastique : «Veritas est adequatio rei et intellectus. »[169][i] La vérité devient (au moins plus ou moins) ce qui peut être ou non possédé. Nietzsche dit:

---

[i] Librement traduit : « la vérité est la concordance des choses et de leur représentation »

> La vérité n'est pas quelque chose que l'un
> ou l'autre posséderait ou non : il n'y au mieux
> que des paysans ou des apôtres agricoles qui peu-
> vent ainsi penser la vérité à la manière de Lu-
> ther.[170]

« Le vrai est ce que l'excédent de découverte apporte de supplémentaire au changement éternel. » Ce serait ma réponse à la question de la vérité. Elle doit être l'expression de ce que « tromperie » et vérité sont nécessairement interdépendantes – Dionysos *et* Apollon. Cela constitue tout début *et* rien n'est dépourvu de signification ou dénué de valeur, sans valeur. Les concepts sont des quantités ouvertes de significations et dans une certaine perspective la vérité a à voir avec la correspondance. Lorsque par exemple un accident a eu lieu, il n'y aurait aucun doute que celui qui nierait le fait en toute mauvaise foi serait un menteur. Ce qui distingue la critique, ce n'est pas le fait, mais la distanciation du fait par rapport à son jugement. Au sens le plus strict, dans ce cas précis, la distinction entre « accident » et « coup de chance » ne constitue peut-être pas le plus grand contraste sémantique, mais cependant les deux mots sont généralement placés dans une distance sémantique importante. Qu'est-ce qui fait de l'accident un accident, qu'est-ce qui en fait une chance? « Cela dépend… » On ne ferait rien d'inexact en supposant que accident signifie « accident », parce qu'il est le plus souvent vécu et communiqué comme tel. En soi, rien n'empêche qu'on puisse le ressentir et en parler comme coup de chance.

Même la valeur « 0 » ou la soi-disant indifférence ne constitue pas un point de vue au-delà des valeurs, mais plutôt entre eux. Les individus qui adoptent ce point de vue sur les valeurs sont généralement appelés cyniques. Mais même au-delà, le non-respect est un respect, parce que le sens ne disparaît pas dans le néant, mais est au plus très faible. Ainsi pour le cynique les jugements revêtent peu d'importance, mais cela signifie seulement qu'ils cherchent constamment à les minimiser.

Enfin, la conscience est oubliée. Le soleil brûle et c'est important, même si personne ne vivait. *Le sens est la différence qu'il apporte.* Le néant n'apporte aucune différence. *Il n'y a pas d'égalité.*[171] Tout est en perpétuel changement. L'intérêt et le désir augmentent la différence, ils enflent la valeur. Ainsi Apollon crée-t-il de l'espace à Dionysos. Nous sommes au-delà du bien et du mal, mais pas au-delà du bon et du mauvais.

La vie est l'éternelle nouveauté. Et cette éternelle nouveauté, comme l'éternelle vieillesse qu'elle abandonne derrière elle, est toujours l'unité : « signification réelle ». Le pur « réel » et la pure « signification » n'existent pas. Tout a une valeur. Rien «est» sans signification. Tout est « signification réelle ». En ce sens, la vérité est ce qui est, rien au-delà, rien avant et rien après.

La séparation profondément enracinée dans notre esprit entre « soi » d'un côté et le « monde » d'un autre traduit ce fait.

```
    Le « pur esprit » est une pure idiotie :
ôtons   le   système   nerveux   et   les   sens,
« l'enveloppe mortelle », et nous faisons un mau-
vais calcul - rien de plus !¹⁷²
```

Addendum : Les plus grands cyniques aujourd'hui sont probablement ceux qui font des expériences sur les vivants. Surtout ceux qui le font avec un scalpel. Seulement on verra bien à quel point ils mettent en exergue la « valeur » de leurs recherches et combien ils la gonflent dans le seul but de pouvoir continuer à faire ce qu'ils font. C'est un puissant contrepoids, nécessaire pour supporter l'horreur de son action au quotidien.

L'Animal historique

Ce qui nous distingue probablement des animaux, c'est que nous sommes doués de la conscience de notre histoire. Nous avons une mémoire différente de celle des animaux, mais dans un tout autre sens. Chez les animaux chaque instant se recrée, s'écoulant pour ainsi dire dans une nouvelle vie. Par conséquent, ils n'ont probablement pas de mémoire dans le même sens que nous les humains et néanmoins ils possèdent la capacité d'apprendre. Là où s'éveille à chaque instant dans l'animal une conscience nouvelle, nous humains, trainons autour de nous des séquences de conscience. Le passé est dans « l'animal de l'instant » sans cesse aboli, mais l'homme – bien qu'il soit dans ce sens encore en grande partie animal – considère le passé comme passé et le subit bien assez comme inséparable de lui-même.

Nous en savons donc largement assez sur le passé, mais qu'en faisons-nous? Que signifie pour nous par exemple le fait que nos plus lointains ancêtres soient venus d'Afrique en Europe, que vers environ 200 ans avant notre ère on ait construit la grande muraille de Chine, que les anciens peuples sud-américains se livraient couramment à des sacrifices humains, que notre aïeul soit mort pendant la seconde guerre mondiale ou que les gladiateurs romains ne combattaient pas avec des sandales ?

La seconde *Considération inactuelle* de Nietzsche se tourne contre l'envahissement de l'Histoire : *De l'utilisation et du désavantage de l'Histoire pour la vie.* A y regarder de plus près elle met en garde sur le fait que l'Histoire ne prend son sens qu'une fois « digérée » et que là où règne l'excès de sens historique et là où on produit de l'Histoire en masse, la digestion devient impossible et la vie en est plus gênée qu'avantagée. On peut illustrer cela par ses propres expériences de vie. Pour continuer à vivre et n'être pas simplement là, il y a deux possibilités : soit on digère le vécu, soit on l'oublie. Le plus souvent les deux vont ensemble. On digère ce que l'on peut digérer et oublie ce que l'on ne peut digérer. En tout cas l'oubli est une condition essentielle de l'existence, condition pour que « l'éternelle nouveauté » se perpétue.

Celui qui n'est pas capable de se laisser aller au fil de l'instant en oubliant tout passé, celui qui n'aime pas se tenir sur un point sans vertige et sans crainte comme une déesse de la victoire, celui-là ne saura jamais ce qu'est le bonheur et bien pire : il ne fera jamais ce qui rend les autres heureux.[173]

Dans cette section encore, et comme dans la précédente, nous allons reprendre le concept de « Vie ». L'objet qui va être mis en lumière à partir de cela, est franchement en dehors de la morale, bien qu'il ressorte des résultats, ainsi qu'il fallait s'y attendre, quelques piques sur la morale et la religion chrétienne. Que ressort-il donc du traitement de Nietzsche sur la liaison entre Histoire et vie pour le concept de vie ?

Sous un triple aspect l'histoire appartient au vivant : elle lui appartient comme fait et comme aspiration, comme conservation et comme honneur, comme souffrance et besoin de libération. Cette trinité de relations correspond à une trinité de types historiques : pour autant qu'il soit permis il faut distinguer entre une sorte d'histoire monumentale, une sorte anecdotique et une sorte critique.[174]

Le vivant est « actif et entreprenant », « conservateur et révérencieux », « souffrant et assoiffé de libération ». Il veut toujours se surpasser et pour autant que cela lui réussisse, il conserve et honore sa raison d'être et ses conditions. Ce qui l'y pousse est le besoin de se libérer de la souffrance, dont il est redevable finalement à son propre effort. La vie, ainsi qu'on l'a dit au début du chapitre 3-1, signifie : « éloigner continuellement de soi ce qui veut mourir »[175]. « La vie, seule, ce sombre, excitant, insatiable pouvoir, avide de lui-même. »[176], est une justification pour chacune de ces trois relations, dans lesquelles réside le vivant et ses semblables.

Pour entreprendre concrètement, pour conserver et honorer, pour se soulager de la souffrance le vivant a besoin de l'Histoire, mais elle ne doit lui être qu'une libre disponibilité. Car aussi peu que vivre pour la connaissance et la morale représente le vouloir-vivre, la morale, la connaissance et l'Histoire ne sont pas, comme l'art, des choses primitives, mais des conséquences de la vie. Ce que la pensée précédemment introduite peut prouver, c'est que la vie peut très bien être représentée sans morale, sans connaissances, sans art et sans histoire, celles-ci étant à peine dotées de quoique ce soit de vivant.

Jusqu'à quel point les aspects « monumentaux », « anecdotiques » ou « critiques » rendent-ils de bons services à l'Histoire ? La réponse de Nietzsche à cette question sera par la suite brièvement retracée et son concept de la vie encore éclairci.

Monumental, cela signifie puissant, généreux[177], et l'aspect monumental de l'Histoire entretient cette relation avec le puissant et le généreux en ce qu'il se démarque nettement, à tous aspects, de son environnement, promeut ce qui est unique au-dessus du monde. Le monumental est rarement nécessaire et l'Histoire grandiose sert la vie parce qu'elle offre la possibilité à l'exceptionnel de placer des liens entre les différentes séquences de temps. Avec elle les puissants, les forts, les solitaires de tous les temps ont un antidote contre la solitude, contre l'échec, ce qu'un regard sur leur environnement, leurs contemporains ne peut que trop leur suggérer.

« Celui qui sent autrement, qu'il aille de lui-même dans une maison de fous »[178], c'est ce que semble claironner sans cesse le petit devant le puissant, la masse devant le solitaire, la médiocrité devant la supériorité. L'Histoire monumentale est l'antidote à cela. Le contemporain tire des conclusions dans la considération du passé grandiose, que le grandiose qui se tenait autrefois là, a été en tous cas possible au moins une fois et peut donc être encore possible ; il va, rempli de plus de courage, car désormais le doute qui l'étreignait aux heures les plus difficiles, s'il ne désire pas l'impossible, est chassé.[179]

Mais l'histoire monumentale est un poison et donc il est évident que le dosage dans son application est crucial, si l'on considère

A quel point il faut briser la différence, si elle veut avoir un quelconque effet fortifiant, ainsi considéré, avec quelle brutalité il faut raboter l'individualité d'autrefois dans tous ses angles vifs pour la mettre dans la norme et l'intégrer dans une forme commune.[180]

Elle est capable d'éblouir les « puissants et les réalisateurs » au-delà de leurs forces.

Elle pousse le brave à la témérité avec de séduisantes analogies, l'enthousiaste au fanatisme et l'on se dit que cette Histoire mise aux mains et dans les têtes de roués égoïstes et de scélérats exaltés augmenterait à nouveau la ruine des empires, l'assassinat des princes, l'instigation de guerres et de révolutions et le nombre des « effets en soi » c'est-à-dire des conséquences sans causes suffisantes.[181]

Dans les mains des « Impuissants et des passifs », son action est encore plus dévastatrice. Ils élèvent des veaux d'or à partir de la grandeur du passé et entravent ainsi tout effort constructif. « Regardez, la vérité est déjà là ! »

Qu'ils le sachent clairement ou non, ils agissent en tout cas comme si leur devise était : laisse les morts enterrer les vivants.[182]

Le traitement anecdotique de l'Histoire est pour ainsi dire la veilleuse de la vie, si on le considère du point de vue du service rendu à la vie. Avec lui on entretient un sens conservatoire des circonstances et de l'environnement, autour desquels il s'est formé et il détient « pour ainsi dire la satisfaction de son être-là »[183], de quelque matière que soit fait cet être-là. Ainsi s'écoule même la vie la plus simple, pendant qu'elle se s'enveloppe dans le manteau protecteur de la vénération et de la conservation du statu quo, l'entretient et le nourrit. Le danger réside dans le fait que, comme le dit Nietzsche, la conservation momifie, et que ce danger est toujours proche.[184]

Mais justement, il ne peut ni doit y avoir d'Histoire anecdotique qui soit la conservatrice de la vie considérée comme « connaissance pure » de l'Histoire. Parce que la vie conservée par elle constitue la mesure de son regard. Ce qui lui paraît bon et la gratifie, est bon, sera bon et par là même a été bon. L'histoire anecdotique ne concède tout au plus qu'un coup d'œil aux épreuves et aux erreurs ou aux grands et petits échecs occasionnés par le destin. Elle ne veut et ne doit conserver que les tribulations ou les échecs majeurs et mineurs liés au destin. L'excitation est bien la dernière chose dont une vie nourrie d'histoire anecdotique peut avoir besoin.

Donc, dans l'effort le plus profond de la façon « à l'ancienne » de traiter l'histoire on trouve son danger majeur, à savoir précisément d'omettre de se subordonner à la vie. Lorsque le respect des ancêtres, la volonté de conserver globalement commence à devenir un frein pour l'essor de la nouveauté et que ce dernier ne trouve plus sa justification dans le passé, il est temps de réécrire l'histoire. L'histoire anecdotique a par la suite perdu son sens. L'aphorisme cité deviendrait son leitmotiv et n'amènerait plus rien à la vie, mais au contraire son succès en signifierait la fin.

La vérité est souvent triviale. Il est généralement moins trivial de tirer les conséquences d'une vérité simple, mais aussi de vivre en les suivant. Ou pour parler comme Nietzsche :

Il y a beaucoup de force pour être en mesure de vivre et d'oublier dans la mesure où se tenir loin des choses et être injuste sont identiques.[185]

Si l'homme était un serpent, alors la perte de l'ancienne peau serait le moment où il aurait besoin de la confrontation critique avec l'Histoire. C'est là qu'est le sens de sa vie. Faire de la place à ce qui s'épanouit, c'est ce qu'on peut faire de mieux.

Cependant, le serpent ne sera guère en manque de reconnaissance, tandis qu'il se dépouille de la vieille peau, qui est maintenant devenue un corset, – C'est là qu'il est trop humain. Il va maudire cette peau et étouffer la douleur qu'occasionne cette mutation. Et c'est ainsi la voie critique pour promouvoir l'Histoire, généralement dans son aspect le plus injuste et le plus malhonnête. Et en ce qui concerne la puissance et la dignité, on doit presque maudire de s'en dégager. Mais ce qui tombe bien trop vite dans l'oubli ou est négligé dans le feu de l'action, c'est l'auto-dénigrement. Que serait le serpent sans sa vieille peau ?[i]

C'est toujours un dangereux processus, dangereux pour la vie même : et les hommes ou les époques qui servent la vie de cette façon, qui jugent et détruisent le passé sont toujours dan-

---

[i] Ou : Que serait l'Allemagne, pour poser une question actuellement « dangereuse », sans le national-socialisme? Que serait l'Europe ? Comment serait le monde si l'Allemagne – avant que les deux grandes idéologies du 20ème Siècle se soient finalement affrontées – n'avait pas cédé à ses fantasmes de grande puissance et finalement unis les deux plus puissants pôles antagonistes de l'époque dans le combat et la victoire contre le Reich ? Mais de toute façon, les interrogations du style : « Que ce serait-il passé si » sont oiseuses. Devons-nous pour autant agir comme si cela n'était pas lié l'un à l'autre et transformer l'indicible souffrance en une gratitude pour notre présent et les espérances heureuses pour l'avenir, plutôt que d'écarter, d'oublier, de maudire ? « C'est évident et incontestable » pourrait-on objecter. Très bien. Mais demandez-donc à un lycéen, un bachelier, ou un étudiant quel sens avait la Seconde Guerre mondiale ?

```
gereux, ce sont toujours des gens et des temps
dangereux [...] C'est une tentative, comme pour
se donner a posteriori ; un passé dont on aime-
rait provenir, par opposition à celui dont on
vient - c'est  toujours une tentative dangereuse,
car il est si difficile de trouver une limite
dans négation du passé, et parce que les secondes
natures sont presque toujours plus faibles que
les premières.
```
¹⁸⁶/[i]

Pour terminer encore un regard sur l'analyse de Nietzsche sur le cours de l'Histoire en général.

Vu d'un point de vue naturel, ou animal, la relation entre la vie et son histoire, son mode d'être permanent, est un processus de digestion – « provoqué par la faim, régulé par le niveau de besoin, conservé dans les armoires selon la force plastique des habitants »[187]. Finalement l'indigeste est excrété et oublié. Ainsi tout « C'était » est transmué constamment en un nouveau « C'est ».

Ce qui maintenant s'intercale dans ce processus de « l'homme moderne » est « *l'exigence de ce que l'histoire de la science devrait être* »[188]. En d'autres termes, on veut une connaissance aussi pure que possible de tout « C'était ». On ne veut que les événements historiques, sans jugement de valeur, objectifs et l'on fait de de morceaux roboratifs un tas d'images sans valeur. Jolies pour les yeux parce que sans valeur, mais rien pour l'estomac, donc sans valeur. Dans d'innombrables endroits de la planète, on creuse et on cherche, on analyse et on classe. De

---

[i] Les Allemands feraient bien mieux de se préoccuper d'eux-mêmes plutôt que de soutenir la haute politique que les autres mènent. Car nous sommes faibles. Nous ne nous situons pas fermement dans un passé ni dans un avenir, nous nous sommes longtemps niés nous-mêmes et ne faisons pas confiance à nos avancées. Nous sommes si mous que nous nous effondrerions à la première rafale réelle de vent. Nous sommes très anxieux et c'est de là que vient notre plus grand danger, que nous devenions des « anxieux agressifs » ou que nous venions par peur à secourir l'agressivité des autres.

tous les coins de la terre nous arrivent chaque jour d'innombrables fragments et morceaux de l'histoire la plus ancienne et la plus primitive (qualifiées d'information), mais même celles auxquelles on pourrait accorder quelque crédit disparaissent dans le fouillis général du pour et du contre. On s'étrangle et on s'agite pour arracher un peu de nourriture, mais on a beau s'agiter cela ne va jamais beaucoup plus loin que la diphtérie ou la boulimie. Ou comme le dit gentiment Nietzsche, vers une « encyclopédie mouvante »[189], si la volonté de digestion de quelqu'un s'est perdue ou, ce qui revient au même, la capacité de digestion vient à manquer.

2000 ans de culture de la faiblesse, c'est, insidieusement ramassé dans une phrase, le message du chapitre 2. Ici, en considération du lien entre vie et histoire, nous en trouvons à nouveau une conséquence. C'était déjà indiqué dans la phrase :

```
La        science        comme        moyen        d'auto-
étourdissement : vous connaissez cela ?[190]
```

Dans le contexte actuel, il conviendrait mieux d'appeler cela : « La science comme conséquence de l'auto-aliénation, vous connaissez cela ? ». Le joli nom cependant que s'est trouvé l'idiosyncrasie des décadents, c'est « objectivité ».

Les approches grandiose, anecdotique et critique de l'histoire ont besoin, pour remplir leur mission, la promotion de la vie, du mensonge. La vie est obligée de justifier son passé pour son avenir. La quête de l'objectivité s'y oppose et dilue les couleurs toniques du passé dans un brouet grisâtre. Il y a pour tout, quelque part et d'une certaine façon un pour et un contre, chaque fait étouffé dans le « ça ou autre chose » – une terrible prophétie conséquente avec elle-même va son chemin, le repos éternel, la paix du cimetière. Le bavardage incessant est incapable de masquer ce fait. Qui donc dit encore quelque chose parmi les scientifiques et les « philosophes » ? Ou, comme dit Nietzsche :

> Personne n'ose aller au-delà de sa personne[191]

Le renoncement à la personnalité et donc le manque de plus en plus fréquent de personnalités en est l'une des conséquences, dont Nietzsche découvre ici les causes. D'autres conséquences, qu'il tire à ce stade, par rapport au désir d'objectivité et à la croyance qui s'y rattache, sont :

- que l'on imagine que l'on serait plus juste que les gens d'autrefois (moins scientifiques, moins objectifs) ;
- que l'individu est empêché de mûrir (il ne se cultive plus, mais est « saturé d'images ») ;
- que l'on croit être un épigone et un fruit tardif (survoler les choses et être détaché des faits) ;
- que l'on passe de l'auto dérision au cynisme ;
- qu'il en résulte une pratique rusée et égoïste ;
- et finalement on est paralysé par toutes ces forces de la vie, puis détruit.[192]

Dans le chapitre 4 qui achève ce travail, ces pensées sont reprises. On devrait ici, à partir de la discussion avec le point de vue de Nietzsche sur deux aspects de la vie – art et histoire – être un peu plus éclairé.

LA VOLONTE DE PUISSANCE

Gardons-nous de penser que le monde soit un
être vivant. Où pourrait-il s'étendre? De quoi se
nourrirait-il? Comment pourrait-il croître et se
multiplier? [...] Gardons-nous de croire que le
cosmos soit une machine ; il n'est sûrement pas
construit dans un but [...] Le caractère total du
monde est [...] de toute éternité le chaos[i], pas
dans le sens d'une absence de nécessité, mais
d'absence d'ordre, de cohésion, de forme, de
beauté, de sagesse et de tout ce nous appelons
nos humanités esthétiques.[193]

La « volonté de puissance » est l'essai que Nietzsche a le
plus poursuivi afin de donner un sens au concept de « vie » –
quelque chose dans laquelle puisse se tenir une intelligibilité.
Comme si toutes les élans vitaux renvoyaient vers le concept
global. Concrètement la volonté de puissance constitue la véritable pulsion vitale basique, qui surpasse l'expansion de la puissance[194], la « volonté de vie »[195], son principe[196], une immense
généralisation, obtenue d'une observation significative[ii], comme
Zarathoustra.

J'ai marché sur les traces du vivant, j'ai
suivi grands et petits chemins pour connaître sa
nature.
    Avec mon miroir aux centuples facettes j'ai
capté son regard, alors que sa bouche était
close : pour que son œil me parle. Et son œil m'a
parlé
    [...]

---

[i] « Le tout est le maître de la foudre » Héraclite.

[ii] *Humain, trop humain* et *Aurore* sont particulièrement remplis
d'observations sur ce thème.

> Écoutez maintenant ma parole, ô sages parmi les sages ! Examinez si j'ai vraiment fouillé la vie jusqu'à son cœur et dans les racines mêmes de son cœur !
>
> Où j'ai trouvé de la vie, j'ai trouvé la volonté de puissance ; et jusque dans la volonté du serviteur j'ai trouvé le désir d'être maître. [197]

Vie et volonté de puissance ne font qu'un – la volonté de puissance n'est qu'un but parmi les mille autres buts de la vie.[i]

Dans quelle mesure il est applicable au-delà du domaine de la vie, doté de signification ou de sens, ce n'est pas le sujet ici et c'est pour Nietzsche plutôt un à-côté[ii]. Cependant élargir le concept du vivant et le porter quasiment à des dimensions cosmiques s'approche de la recherche de Nietzsche. C'est la tentative de comprendre chaque événement de façon dynamique, au-delà des notions traditionnelles de « corps », d'intégrer l'effet lui-même comme expression et la transformation brute de l'effort. Car que signifie finalement volonté ? N'est-ce pas le nom même de l'effort, le concept dans lequel nous cherchons à expliquer le mouvement ?

> On doit oser l'hypothèse que partout où l'on constate des « effets », c'est qu'une volonté agit sur une volonté. [198]

> [Que le monde physique] possède un cours « nécessaire » et « prévisible », non pas parce que des lois le régiraient, mais au contraire les lois lui font totalement défaut et que toute

---

[i] Je comprends ainsi le titre du discours de Zarathoustra: « De Mille et Une objectifs »

[ii] On peut ici à l'aide de l'annexe C. III obtenir rapidement une vue d'ensemble sur cela. Dans la grande majorité des endroits, il s'agit du cadre général de la volonté de puissance et du vivant.

```
force à chaque instant va jusqu'au bout de ses
conséquences. »
```
[199]

Selon ces hypothèses, la volonté de puissance serait « *l'essence du monde* »[200]. Mais l'orientation du regard vers le « mortel » n'est pas la nôtre. Que signifie la volonté de puissance dans le royaume de la vie, telle est la question ici. C'est aussi la question juste, parce que c'est pour comprendre la vie que le concept a été inventé.

Le sens de la vie est donc la volonté de puissance. Mais quel est le sens de la volonté de puissance ? Où réside sa compréhension ?

En ce qui concerne la volonté, on comprend parfaitement son sens avec le mot « effort ». Le terme se tient en dehors de notions plus étroites que « volontairement » ou « involontairement », « librement » ou « obligatoirement » ; ces mots ne prennent de sens que sur la base de l'effort lui-même. Mais l'orientation de l'effort de la volonté dans la volonté de puissance, c'est la puissance. Mais qu'est-ce donc que la puissance ?

La différence que cela produit est importante, comme cela a été dit dans l'avant-dernière section. Donc, quelque chose est d'autant plus significatif et même important que la différence introduite est plus grande. Le soleil est pour la terre de la plus haute importance, c'est une nécessité pour nous, et c'est sans doute aussi pour nous la puissance principale. L'homme le plus puissant serait donc, de ce point de vue, tout simplement celui qui produit la plus grande différence.[i] Mais ce que l'on dit de l'individu isolé est applicable aux peuples, aux temps et à tous autres événements. Qui peut aujourd'hui douter que les anciens Grecs aient été un peuple fort, que l'Église chrétienne est peut-être la plus puissante institution jamais vue

---

[i] Je pense que dans l'histoire que nous considérons, Platon a été, ce que Nietzsche mentionne dans le même souffle que Pythagore, un « monstre d'orgueil et d'autoglorification. » [cf. FW. 351]

auparavant, ou paradoxalement, que Adolf Hitler était un homme puissant et le nazisme un puissant idéal ?[i]

La puissance est la capacité à transformer, mais c'est la transformation qui est la mesure de la puissance. Voilà pour la puissance, considérée du point de vue de ses effets et à partir d'un angle de vue au- delà du bien et du mal.

La volonté de puissance est donc (au moins) l'effort (principalement) en vue de créer une différence, de « bouger » quelque chose, pour l'exprimer de façon neutre. Cependant le mot anodin n'enlève rien d'insignifiant au fait brut : transformer c'est nécessairement détruire.

> La volonté de puissance, [c'est] l'inépuisable volonté de vivre[201]

> Et celui dont la vocation est d'être un créateur dans le bien et le mal : il devra vraiment être d'abord un destructeur et devra briser les valeurs.
> Ainsi la pire méchanceté est partie de la suprême bonté, qui est, elle, créatrice.[202]

Transformation, production et création, ce sont là des mots cruels – et effacer cette cruauté de la vie, cela revient à effacer la vie elle-même.

Mais il y a encore bien plus dans la formule de la volonté de puissance. Car elle n'entraîne pas, pour ainsi dire, simplement la puissance vers ses propres conséquences (et il n'était pas encore question de plus), mais l'effort lui-même provient de la puissance. « La volonté de puissance » ne se résume pas simplement à ce que le vivant exprime sa force[203].

---

[i] Une autre théorie à ce sujet : « Tout un chacun revient à sa propre méchanceté » (Platon : Politique) La méchanceté du national-socialisme résidait dans le fait qu'il se servait du décadent (le haineux) et a utilisé et attisé le ressentiment (la haine) – Probablement la conséquence de la faiblesse de Hitler.

Dans la « volonté de puissance » est comprise une exacerbation, et pour dire les choses, une exacerbation de la puissance elle-même. Ce vers quoi tend la vie, ce n'est pas uniquement d'apporter une différenciation, mais que celle-ci soit toujours grandissante. Elle se nourrit, croît, saisit ce qui l'entoure et attire en elle et pour elle – digère et crée en permanence pour ses propres besoins, vers plus de puissance, pour une plus grande signification. Il ne s'agit pas seulement pour le vivant d'être puissant ou d'exercer son pouvoir, mais d'acquérir toujours plus de pouvoir, d'être toujours plus puissant. C'est l'instinct dans lequel la « volonté de puissance » trouve son expression : le reste n'est que « simple » conséquence – ou plus précisément conséquence nécessaire.

On voit se rassembler auprès du pouvoir des armées et l'on croit que le pouvoir c'est la force. On voit se rassembler autour du pouvoir des intelligences et l'on croit que le pouvoir c'est l'intelligence. Et l'on voit se rassembler autour du pouvoir les puissances d'argent et l'on croit que le pouvoir c'est l'argent. Mais l'argent, la force et l'intelligence ne sont que des moyens ou des instruments du pouvoir. Ils peuvent le renforcer, à certains égards l'accroître, avec eux le pouvoir peut « se reposer », en aucun cas ils ne peuvent le justifier. On peut peut-être clarifier ce fait avec la pensée suivante : le pouvoir c'est ce qui achète avec de l'argent, mais pourtant l'argent lie sans même qu'il achète. De même la force, elle contraint en vertu du pouvoir, et selon la volonté du pouvoir elle rassemble une capacité de force autour du pouvoir. Une armée peut être imposante, elle ne peut rien sans la direction d'un pouvoir, et c'est lui qui lie l'armée – sans aucune force. Enfin l'intelligence. « Le savoir est le pouvoir » s'exclame un adage bien connu. Le contraire s'énonce : le savoir ne permet rien en dehors de servir un pouvoir. « *La vérité a besoin d'un pouvoir.* »[204] Les justifications apaisent ou troublent, ce sont des armes dans le combat pour le pouvoir et donc des serviteurs du pouvoir. Ce n'est pas l'argument mais le pouvoir qui convainc. Un bon argument résistera toujours à une logique étroite, c'est précisément le signe de sa puissance qu'il oblige à des limites et permet de combler différentes formes, d'en créer de nouvelles.

Le pouvoir lie argent, armées et sagesse. Tous, vous n'êtes rien sans un pouvoir. Mais qu'est-ce donc que le pouvoir ?

Le pouvoir est le créatif, l'éternelle création !

La plus grande puissance serait cette création qui rassemble en elle à la fois le « c'est » et le « c'était », qui transforme tout « hier » en « aujourd'hui », vers « un lendemain ».

```
    « Les mots les plus calmes sont ceux qui
apportent la tempête. Les pensées qui viennent
avec des pas de colombes mènent le monde. »205
```

Moins l'on est soi-même raison du changement, de la création, plus l'on voudra participer au changement « extérieur ». La volonté de puissance elle-même lie au pouvoir ou en sépare et de ce fait il n'y a que trois possibilités dans les relations avec le pouvoir :

Lutter avec lui si l'on est en mesure de l'affronter, s'en écarter ou si ce n'est pas possible, le servir. Aucune des trois n'est proprement condamnable. Mais ce qui réside dans ces trois sortes de prises de position, c'est la volonté de puissance elle-même.

```
    Si le faible sert le fort, c'est qu'il y
est porté par sa volonté de dominer de plus
faibles : c'est le seul plaisir auquel elle ne
saurait renoncer.
    Et comme l'inférieur se soumet au supérieur
afin de jouir du plaisir de dominer d'autres en-
core plus faibles[i], de même le plus grand se
dévoue à son tour et met en jeu sa vie.
```

---

[i] Sun Tsu écrit également- quoique de manière un peu influencée par le bouddhisme – 500 avant J.-C. en Chine: « Le Tao incite les gens à poursuivre le même objectif que leurs chefs, de sorte qu'ils sont prêts à

```
    C'est le dévouement du plus grand de tous,
un défi au péril de mort de jouer aux dés avec
elle.
    [...]
    « Je périrais plutôt que de renoncer à
cette unique aspiration ; et à la vérité, quand
on contemple le déclin et la chute des feuilles,
c'est que la vie se sacrifie - pour la puis-
sance. »²⁰⁶
```

Ce n'est donc pas la vie qui est placée si haut par le vivant, mais la puissance et la vie elle-même en tant que « simple » volonté de puissance. Considérer l'instinct de conservation comme instinct profond, « vil », serait donc une erreur. Non pas la lutte pour l'existence ici-bas, mais la lutte pour l'existence vivante pour la puissance et la supériorité constitue le point cardinal.[207/i] Un bon exemple de ceci est probablement le plus « petit » objet de vie, le virus. C'est lui qui mène le jeu de la volonté de puissance, jusqu'à ce que finalement il détruise ses propres conditions de vie et disparaisse.

```
    Comme toute bonne chose sur terre, se dé-
truisant elle-même.²⁰⁸
```

Cet exemple jette aussi en une lumière révélatrice sur «l'autre côté» - la destruction impitoyable, la tuerie et la mort pour la volonté de pouvoir. Pour autant que la vie soit volonté de puissance, cela reste la conséquence la plus inévitable.

---

partager la vie et la mort sans se laisser décourager par une menace. » [L'Art de la guerre. Réflexions sur la stratégie.] Même si nous laissons en suspens les justifications spécifiques, les observations sont cohérentes, et il est plaisant qu'elles prouvent, précisément à cause de la distance qui sépare les deux penseurs, une constance des considérations stratégiques.

[i] Argument de Nietzsche : « Celui qui a mis en circulation cette formule du « vouloir-vivre » n'a certes pas atteint la vérité ; ce vouloir- là n'existe pas ! » « Ce qui n'est pas, ne peut rien vouloir, mais ce qui existe, comment cela pourrait-il encore vouloir l'existence ! »[Z. II. De la maîtrise de soi]

Eviter les offenses réciproques, les violences et les rapines, accorder à la volonté d'autrui une valeur égale à la sienne : cela peut aboutir en gros à une certaine entente entre les individus, pourvu que les conditions s'y prêtent (pour être précis, une réelle analogie dans les forces et les critères et leur cohésion à l'intérieur d'un corps social). Mais aussitôt que l'on tente d'étendre ce principe et si possible de le muer en principe de base de la société, il se révélera tout de suite pour ce qu'il est : volonté de négation de la vie, principe de dissolution et de décadence. [...] En aucun point cependant la conscience collective des Européens ne s'insurge plus à se laisser convaincre : on s'enthousiasme partout maintenant, sous couvert d'oripeaux scientifiques, pour la société future, qui se dépouillera de son « caractère d'exploitation' » : – cela sonne à mes oreilles comme une promesse d'invention de la vie qui renfermerait en elle toutes les fonctions organiques. « L'exploitation » n'est pas le fait d'une société corrompue, imparfaite ou primitive ; elle est inhérente à la nature même de la vie, elle est la fonction organique de base, elle est une conséquence de la volonté de puissance en elle-même, qui est justement la volonté de la vie. – Si l'on part du principe que c'est une théorie novatrice, – comme réalité c'est le fait générateur de toute histoire : ayons l'honnêteté de le reconnaître ![209]

Vivre, cela signifie brûler et finalement se consumer. Vivre cela signifie une maîtrise de soi constante – à chaque instant la flamme se régénère et plus elle est forte et grande, plus elle se consume elle-même. Exploitation, cela signifie brûler et se consumer pour… Où rien ne se consume, il n'y a pas de feu. Mais le feu c'est la vie, pas seulement de façon métaphorique.

LA DOMINATION EST LIBERTE

> Car la volonté est, comme émotion de l'autorité, le signe décisif de la souveraineté et de la force.[210]

La volonté est le « signe décisif de la souveraineté et de la force », l'intensité de l'effort vers « une » volonté de puissance. Elle est également « *une émotion de l'autorité* ». Ce dernier point signifie, dans le sens général, que la première réaction face à un centre d'intérêt est positive, cela signifie une continuation de l'émotion[i] – donc une prolongation immédiate de cette même volonté. Tout non, toute opposition doit se placer contre cette émotion. Obéir est toujours la réaction immédiate, un automatisme, et l'éducation à obéir un entraînement, plutôt une punition de toute opposition et en aucun cas une exemption.

Là où la critique est profondément enracinée depuis des générations, dans l'Europe d'aujourd'hui, la capacité à l'obéissance est certes en baisse, mais la « volonté » d'obéissance n'est pour autant pas éteinte.

> Mais leur plume critique ne cesse jamais de courir car ils ont perdu tout pouvoir sur elle et sont plus menés par elle qu'ils ne la mènent eux-mêmes. C'est bien dans ce débordement de leurs effusions critiques, dans leur absence de maîtrise de soi, que les Romains nommaient impotentia, que la faiblesse de la personnalité moderne s'illustre.[211]

Celui qui ne s'adonne pas à l'obéissance et – plus encore – celui qui a intégré le châtiment de cet affect, apprend

---

[i] Un test amusant : tirez la langue à un bébé, dans la mesure où il est capable de regarder et où vous pouvez capter son attention, et regardez son visage.

finalement à s'écouter lui-même. Et quel sera le chemin de libération, si ce n'est celui-là ?

> Car qu'est-ce que la liberté ! Que l'on ait la volonté de l'auto-détermination. Que l'on maintienne la distance qui nous sépare. Qu'il nous soit indifférent de lutter contre la fatigue, la dureté, la contrariété et même la vie. Que l'on soit prêt à sacrifier à sa cause les individus, y compris soi-même.[212]

Que l'on risque sa personne. Pourquoi faire ? Pour sa cause. C'est la liberté. Une liberté qui ne connaît évidemment pas d'homme objectif. Car elle ne connaît pas sa cause. Et c'est la faiblesse de l'homme moderne : il n'a pas de but et s'il en a un, c'est le plus souvent de jeter de l'eau sur la flamme de la vie. Des maîtres du monde pareils aux dieux divins à l'altise, ce fut (c'est) le chemin de l'évolution de l'homme occidental (européen). Le bout de ce chemin s'appelle le nihilisme et exprime que plus personne ne tient quoi que ce soit pour vraiment précieux, au point même de mettre quelque chose dans ce concept. Le moment « où l'homme ne jette plus la flèche de son désir au-delà de l'homme, et a oublié la vibration de la corde de son arc. »[213]

Retour à la liberté et à la domination. La domination est l'expression de la puissance, le quantum d'énergie est, cependant, le degré de liberté. Car

> selon quoi se mesure la liberté, également pour l'individu ou pour les peuples ? Selon la résistance qui doit être surmontée, selon l'effort que coûte de rester en haut. »[214]

La volonté de puissance est en raison de cela nommée par Nietzsche « *l'instinct de la liberté* »[215]. Donc le plus haut degré de liberté est le plus haut degré de puissance — et dans la mesure où on atteint cela, on règne. La liberté et la domination sont donc, par le biais du pouvoir, une seule et même chose.

Le type le plus élevé d'homme libre devra être recherché là où l'on doit constamment surmonter la plus vive résistance : à cinq pas de la tyrannie, tout près du seuil où se tient le danger de l'esclavage.[216]

Le fait que le concept moderne de liberté jusqu'ici présenté doive en être le contraire devrait être suffisamment clair.

Le troupeau de ruminants rassasiés s'affuble aujourd'hui de l'adjectif « libre ». Pour lui être libre est être délivré des besoins, ne pas combattre, ne pas devoir vaincre. L'indulgence infinie se dit libre et s'apaise grâce à son inaction faite de compréhension sans limites.

La liberté, c'est : faites ce que vous voulez. Ce que l'on appelle aujourd'hui liberté se résume à se débarrasser de cette volonté. Pourquoi est-ce ainsi ? La faiblesse corporelle s'est imposée et a amené avec elle une peur constante. Les deux se nourrissent mutuellement et s'aggravent infiniment, elles génèrent finalement comme succédanés de la volonté le travail et la consommation.

La vie et la mort sont une seule et même chose. Donc, là où la vie est la plus forte, là où il y a le plus de vie, il y a le plus de mort – et donc la lutte est la plus belle fleur de la vie. Dans sa diversité se reflète la diversité de la vie elle-même. Le grand combat est la grande vie, qu'on le veuille ou non, qu'on en soit capable ou non.

Qui atteindra à la grandeur, s'il ne se sent pas en lui-même la force et la volonté d'infliger de grandes douleurs ? La capacité à souffrir est la moindre des choses : de faibles femmes et même des esclaves y ont excellé. Mais ne pas sombrer dans la détresse et l'insécurité

intérieure, lorsque l'on inflige de grandes souffrances et que l'on perçoit le cri de cette souffrance - cela est grand, cela appartient à la
grandeur.[217]

En outre, l'homme est devant lui-même dans une rela-
tive sécurité, parce que la cruauté est une question de distance
(il est plus facile de tuer une mouche qu'un chien) et l'on s'en
rend parfaitement compte lorsque l'on élève des individus supérieurs. Ceux-là ne connaissent que peu la rancune ou la
haine, car ils sont les plus aptes à faire de chaque incident une
opportunité et à trouver dans chaque attaque un moyen de se
renforcer.

Mais si la norme est l'altise et que de temps en temps la
vie elle-même, dans une espèce de vengeance contre son échec
permanent, laisse surgir un prédateur, le combat devient alors
bestial, car dans l'ombre du pouvoir et pour ses propres fins se
tient désormais en pleine lumière la populace qui obtient un
quantum de pouvoir, qu'à cause de sa faiblesse elle n'aurait
jamais arraché, qu'elle ne peut finalement apprécier et dont elle
n'est pas digne. Elle en abusera forcément. La cruauté est une
question de distance et que l'on soit quelque peu supérieur n'y
fait rien, il suffit de croire que l'on est quelque chose de supérieur. La cruauté est aussi une question de stupidité.

Quoi qu'il en soit, ce n'est pas avec une intensification
de la vie que l'on arrive à une intensification de la mort. Cependant, il va dans ce sens que les modernes justement –
comme époque de décadence – produisent un excès de
« meurtre et assassinat ». Donc, si Nietzsche au grand Midi
veut secourir à nouveau la vie dans son droit, la conséquence
en sera mesurée à l'état des choses, aucunement à
l'augmentation de la souffrance ou de la cruauté.

On a mal regardé la vie, si l'on n'a pas vu
avec quelle douceur la main tue.[218]

C'est ici que se rattache la dernière partie de ce travail,
La Bonne Nouvelle.

UN AUTRE POINT DE VUE SUR LES VALEURS

La terre était autrefois une planète morte et aujourd'hui,
il est tout à fait concevable qu'un jour elle ne suffise plus à la
vie. La vie, qui est le dépassement permanent de l'ancien par le
nouveau – et dans une volonté constante de plus de puissance
dans ce but. Le degré de liberté se calcule en fonction de la
résistance qui a dû être déjà surmontée, ce qui est aussi la mesure de la puissance atteinte.

> L'importance d'un « progrès » se mesure à
> la somme de tout ce que l'on a dû lui sacrifier ;
> l'humanité en tant que somme des sacrifices con-
> sentis au bénéfice d'une seule espèce d'hommes
> plus forts – voilà ce que serait le progrès...[219]

La phrase contredit nos jugements de valeur habituels,
parce qu'il n'est pas accoutumé de voir la mort dans la vie et à
reconnaître comme une nécessité dans la poursuite du pouvoir
l'assujettissement de petites puissances et la réinterprétation ou
la destruction de leurs objectifs. Nous pensons le « progrès »
par rapport à son objectif :

> L'œil fait pour voir, la main pour saisir.
> De même on s'est représenté le châtiment comme
> inventé pour punir. Mais tout objectif, toute
> nécessité ne sont que le signe qu'une volonté de
> puissance s'est rendue maîtresse de quelque chose
> de plus faible et lui a donné par elle-même la
> signification d'une fonction.[220]

Ainsi, les Alliés et les Russes se sont rendus maîtres de l'Allemagne et ont fait de cet événement un moyen d'instaurer la démocratie ou le socialisme. Mais étaient-ce les raisons de cette guerre ? Et combien de temps cela sera-t-il encore interprété comme fonction ? Le but d'une chose n'a rien à voir avec sa création. Il n'y a

```
        pour  toute  espèce  d'histoire  de  principe
plus  important  que  celui,  obtenu  au  bout  de  tant
d'efforts,  mais  qui  devrait  réellement  être  obte-
nu,  -  que  la  cause  de  la  naissance  d'une  chose  se
distingue  « toto  coelo »  de  son  utilité  finale,
de  son  application  effective  et  de  son  classement
dans  un  système  de  buts ;  que  ce  qui  existe  et
qui  d'une  façon  ou  d'une  autre  s'est  formé  est
toujours  interprété  avec  des  intentions  nouvelles
par  une  force  qui  lui  est  supérieure,  est  à  nou-
veau  confisqué,  modifié  et  récupéré  pour  un  nou-
vel  emploi,  que  tout  événement  du  monde  organique
est  une  façon  de  soumettre,  de  dominer  et  que
toute  soumission,  toute  domination  est  à  son  tour
une  interprétation  nouvelle,  une  mise  à  jour  où
le  « sens »  et  le  « but »  jusqu'alors  valables
doivent  être  obligatoirement  obscurcis  et  même
totalement  effacés.[221]
```

Il s'ensuit donc, pour rester avec l'exemple invoqué, la fluctuation de la valeur dans les événements historiques. Pour les Russes – et plus encore les Américains – la seconde guerre mondiale était d'une énorme importance, mais pour les Allemands, qui du fait d'absence de pouvoir n'allèrent pas très loin dans l'exégèse et l'interprétation, la guerre a perdu tellement d'importance, que l'on ne parlait plus, après quelques décennies, que de ce qui était resté dans les esprits, ou devait rester, les atrocités, sa valeur négative.

À propos de ce genre de jugement de valeur évoqué ici, le point de vue introduit plus haut est relativement élevé, il est honnête. Il permet aussi des réponses très simples à des questions complexes en apparence. La valeur de la Seconde Guerre mondiale ? Des dizaines de villes bombardées dans le monde, environ 40 millions de morts ! 40 millions de volontés de puissance humaines tout simplement annihilées plus peut-être 60 millions paralysées jusqu'à l'agonie, prêtes à travailler et rompues à l'obéissance. Beaucoup d'espace pour quelque chose de nouveau. Et voilà : le « monde occidental » et l'Allemagne s'épanouissent et les Allemands sont devenus *encore* plus intelligents. Comme si ils étaient à nouveau libres et qu'ils digéraient toutes leurs subtilités pour en faire des faits concrets – ne déclaraient pas la sagesse aux mille aspects (en fin de compte le plus grand non-savoir) comme force, mais demeuraient intelligents et devenaient forts avec elle. Que cela ne se passe pas ainsi, ils ne le savent que trop.

> La valeur d'une chose ne réside pas dans ce qui peut être atteint avec elle, mais dans ce que l'on paie pour elle – ce qu'elle nous coûte. [222/i]

Ce sont les choses qui ont été remportées par le plus grand effort, avec beaucoup de sacrifices, qui ont la plus grande valeur. *Regarde, dit la vie, je suis ce qui doit se vaincre soi-même indéfiniment.* Les plus grands efforts de la vie sont ses plus grandes victoires. Toute renonciation, que ce soit une personne qui crève de misère et de confinement pour poursuivre son chemin, un autre chemin que celui que la vie lui indiqué jusqu'alors, que ce soit un peuple ou même l'humanité dans son ensemble, est infiniment plus remplie de valeur que le

---

[i] La même idée se retrouve également dans Marx, qui distingue entre valeur d'usage et valeur marchande. Leur valeur réside uniquement dans la quantité de travail qui a été dépensée pour leur fabrication. Cela peut démontrer quelque chose par rapport à la réalité, car il s'agit de domaines totalement différents, mais qui signifient la même chose. [Cf. Karl Marx. Le capital. Première section, les biens et l'argent. Premier chapitre, la marchandise.]

maintien d'un confort reposant ou la simple continuation de sa propre existence.

En bref, ce qui vient d'en bas est mieux que ce qui demeure dessus. Et ce qui reste sur le dessus est meilleur que ce qui reste en bas.

> L'homme libre est le guerrier.[223]

Tirons avec Nietzsche une ultime conséquence finale de cet autre point de vue sur les valeurs d'une compréhension de la volonté de puissance. Ce que Nietzsche voit en Europe dans les sphères dirigeantes et qui encore aujourd'hui y demeure au-dessus des mesures, ce sont des valeurs chrétiennes déguisées. Les bons et justes règnent, les faibles, mais pas les plus faibles, mais les plus malins des malins. « Tous les hommes sont égaux » est-il écrit sur leurs étendards et ils n'exigent rien d'autre que l'impossibilité elle-même : les mêmes droits pour tous. C'est une hypocrisie sans limites, cela s'appelle la démocratie. C'est l' « l'organisation nomade de l'homme normal »[224], comme si c'était le socialisme réellement existant, pour reprendre une pensée de Heidegger. Tout repose sur le mensonge. Le mensonge de l'égalité des individus, le mensonge de la véracité de l'ordre mondial moralisé, de la liberté de la personne. Finalement, pour autant que nous vivions avec ces mensonges, nous sommes nous-mêmes des bons et des justes – et nous sommes donc une énorme valeur ! Car :

> Pour estimer ce qu'est un type d'homme de valeur, il faut calculer le prix auquel revient sa conservation, – on doit connaître ses conditions d'existence. La condition d'existence des « bons » est le mensonge.[225]

Nous, Européens modernes, sommes le type d'homme acheté au prix le plus fort. De ce point de vue des valeurs nous sommes les individus les mieux placés. Et que serions-nous si nous nous dépassions ?

Mais nous sommes aussi les gens les plus vulnérables. Parce que dans la mesure où nous avons traversé les millénaires en véhiculant les éternels mensonges absurdes, nous avons travaillé à l'abaissement permanent de l'homme (Le criminel des criminels est le philosophe[226]), que nous le voulions ou non, nous avons perdu totalement la vie travaillant sur la réduction permanente du peuple que nous sommes, que nous le voulions ou non, nous perdrons la vie entièrement, si nous ne commençons pas à vivre selon la vie. Si nous ne nous surmontons pas nous-mêmes, nous serons surmontés. « La vie même est volonté de puissance »[227]

Le dépassement des individus les plus nobles et les plus élevés est le chemin du surhomme.

Chapitre 4
LE SURHOMME

Zarathoustra et Dyonisos

> Comme si, si plaisir et déplaisir étaient si étroitement noués ensemble avec une corde, celui qui désire obtenir le plus possible de l'un, doit également en en avoir autant de l'autre, – et que celui qui veut apprendre à « jubiler jusqu'au ciel », doit aussi se tenir prêt à être « mortellement triste ». Et ainsi se tiennent peut-être les choses.[228]

Voilà *la pensée la plus insondable*, « la vision la plus dure et la plus terrifiante de la réalité »[229]. On l'a déjà dit plus haut, vie et mort ne font qu'un, il en va de même pour la joie et la tristesse, la douleur et le bonheur, là où l'on crée on détruit également.

C'est cela la vérité, devant qui tout idéalisme – qu'il soit travesti en poésie, religion ou philosophie – s'enfuit, c'est en elle que se fait finalement jour le fait que l'erreur est lâcheté.[230]

A cette vérité s'agrègent aussi toutes les pensées qui sont des risques, que l'on doit oser, si l'on peut – à partir de là on pourra « conquérir » la vérité. Comme par exemple la pensée que

> Les affects de haine, d''envie, de cupidité, la soif de pouvoir compris comme émotions vitales, comme quelque chose qui doit être primordial et essentiel dans l'économie générale de

la vie, et devant conséquemment être augmentée,
au cas où la vie doit être elle-même augmentée.[231]

Ou la question suivante,

comment la plante « humaine » est-elle parvenue à sa plus haute croissance [...] nous pensons qu'il a fallu que le péril qui l'environne
grandisse monstrueusement, que sa capacité
d'inventivité et de dissimulation (son « esprit »
-) se développe sous la longue pression et la
contrainte, s'affine et devienne plus hardie,
pour que son vouloir-vivre s'intensifie jusqu'à
devenir volonté de puissance ; - nous pensons que
la dureté, la violence, l'esclavage, le danger
partout présent, dans les rues et dans les cœurs,
la clandestinité, le stoïcisme, la magie et
toutes les diableries possibles, tout ce qui est
mauvais, terrible, tyrannique, tout ce qui tient
de la bête fauve ou du serpent dans l'homme, sert
aussi bien que son contraire à élever le niveau
de l'espèce humaine. Nous ne le dirons jamais
assez : ce qu'il faut que nous disions et tai-
sions ici nous place de façon radicalement oppo-
sée à la théologie moderne et à tous les vœux du
troupeau : peut-être même à leurs antipodes ?
Quoi d'étonnant si nous, « esprits libres », ne
sommes précisément pas les plus communicatifs ?
Que nous ne souhaitions à aucun égard trahir
quelle est la chose dont notre esprit doit
s'affranchir et vers quoi il doit ensuite
tendre ?[232]

La perspective de la nécessité de la douleur, de la souffrance et de la mort caractérise Zarathoustra – et caractérise de
même l'éternel « Oui ! ». Son goût pour la chute et tout ce qui
sombre découle de son amour de la vie. Zarathoustra est le
destructeur le plus aimable et le plus sympathique et n'a dans
tout cela rien d'un hypocrite – d'un fondateur de religion.

> L'homme est un lien, attaché entre bête et
> surhomme - une corde au-dessus d'un gouffre.
> [...] Ce qui peut être aimé dans l'homme,
> c'est qu'il est une transition et une chute.[233]

Le « concept « dionysiaque » devient ici le *fait le plus important* »[234].

Dionysos est le dieu qui ne sait séparer douleur et plaisir, création et destruction. Son âme est l'existence ici-bas elle-même; il erre ici et là, se promène de haut en bas ; un être constamment en devenir, oscillant sans cesse entre volonté et le désir, se fuyant éternellement et en quête des horizons les plus larges[235]. Dionysos est la source de toute tragédie. Mais comme il est un dieu, il ne connaît pas le tragique. Il ne peut connaître comme on peut souffrir à l'agonie ; d'où le fait que celui qui comprend l'origine dionysiaque du monde, reconnaît dans le soupir du tragique un signe de la décadence. La tragédie grecque, dans la mesure où elle était ce soupir, est un signe de la décadence, le premier culte de Dionysos en était le contraire :

> l'affirmation triomphante de la vie sur la
> mort et le changement ; la vraie vie comme hori-
> zon vital à travers la procréation, à travers les
> mystères de la sexualité. [...] Toutes les per-
> sonnes dans l'acte de procréation, la grossesse,
> la naissance ont vu s'éveiller les sentiments les
> plus élevés et les plus solennels. Dans la théo-
> rie des mystères, la douleur est sacralisée : les
> « douleurs de l'enfantement » sanctifient la
> souffrance - tout devenir et tout épanouissement,
> toute garantie d'avenir est soumis à la souf-
> france.[236]

LE DÉPASSEMENT DES DERNIERS HOMMES

Zarathoustra était un ancien Perse. Il y a environ trois millénaires, il a

vu d'abord dans la bataille du bien et du mal le véritable rouage qui actionne les choses – la traduction de la morale dans la métaphysique, comme force, cause, fin en soi est son oeuvre.[237]

Le vieux Zarathoustra s'était campé sur l'une des quatre grandes erreurs. Il avait confondu les conséquences avec les causes.[238] Il avait placé la morale, qui n'est rien de plus la créature de la vie rampante et faible, comme source de toute impulsion vitale, comme sa cause première. Avec cela tout était préparé pour une transfiguration. La morale et tout ce qui est moral devenaient bons « en soi », tout ce qui est amoral, tout ce qui n'est rien de moins que l'expression de la vie croissante, forte, encore indemne dans son essence, devint la marque du mal. Dans la continuation, prolongation et extension de cette erreur, qui ne faisait qu'ajouter une faute après l'autre, l'homme en vint à mener lui-même le combat contre la vie. Depuis il travaille, de façon plus ou moins apparente, à l'élevage de « l'altise ».

Regardez ! Je vous montre le dernier homme.
« Qu'est-ce que l'amour ? Qu'est-ce que la création ? Qu'est-ce que le désir ? Qu'est-ce qu'une étoile ? » – c'est l'interrogation du dernier être qui cligne des yeux.
La terre est alors devenue petite, et le dernier homme sautille dessus, qui rend le cosmos petit. Son espèce est inextinguible comme l'altise ; l'être ultime vit le plus longtemps possible.
« Nous avons inventé le bonheur » – disent les derniers hommes, et ils clignent des yeux. »[239]

L'amour, c'est une quête pleine de désir au-delà de soi-même. Eros, dit Platon, est quelque chose entre le « haïssable et le mauvais », entre le « bon et le beau », mais aussi entre le mortel et l'immortel.[240] Et comme dans son rôle d'intermédiaire, Eros est un aspirant et un quémandeur d'amélioration, il veut aller toujours au-delà de lui-même. L'amant a pour but de trouver dans sa bien-aimée le meilleur, la plus grande beauté, l'éternité et c'est le sens de sa quête. Ce qu'il aimerait être, il le voit dans sa bien-aimée et s'efforce de se surpasser lui-même. C'est là l'exigence de l'amour, c'est son œuvre.

La création est dans ce sens un résultat de l'amour, le couronnement d'un symbole évident de l'être aimé et le désir, l'essence même de l'amour.

> Malheur ! Il vient un temps où l'homme ne jette plus la flèche de son désir au-delà de l'homme, et où il a oublié le bruit de la corde de son arc.
> Je vous le dis : il faut toujours avoir le chaos en soi pour pouvoir donner naissance à une étoile dansante. Je vous le dis : vous avez encore le chaos en vous.
> Malheur ! Il arrive un moment où aucun homme ne donnera plus naissance à une étoile. Malheur! Il vient un temps de l'homme le plus méprisable, celui qui ne peut même plus se mépriser.[241]

Mais c'est là *le dernier homme*. L'auto-satisfait, celui qui s'aime lui-même, qui se *repose en soi*. – Il ne vit plus, il est juste présent.

Et l'homme travaille sur lui-même avec sa morale. On ne veut plus de guerre, ni à l'intérieur, ni avec soi-même, ni avec les autres La faiblesse ne peut pas le supporter et là où cette morale devient une dignité, elle rend encore plus faible. Tout ce qui est de l'ordre de l'imprévisible, du soudain, de la difficulté, de la contrainte au changement et au dépassement –

en bref : le chaos – est le pire ennemi de l' « altise ». La peur est la force motrice de toutes ses actions. « Prévention » est son plus haut commandement. Le bon sommeil, le rêve lénifiant sont à l'honneur. Là où l'on rêve « mal », on sent le danger et l'on écoute l'appel à la « paix éternelle » – on n'est pas capable de le supporter soi-même. « Soyez intelligents et devenez toujours plus intelligents » s'exclament les derniers hommes. Ainsi nous détruisons la souffrance. Ils ne veulent pas être de rusés combattants, mais éviter intelligemment toute espèce de guerre – les bons.

Ce qu'ils voulaient vraiment abolir, on l'a déjà dit – c'est la vie. Et c'est la perspective de Zarathoustra. Par ici, Nietzsche se voit comme le « premier » : *à avoir découvert le caractère diffamatoire pour la vie de la morale chrétienne et des idées modernes qui en découlent.*

> Zarathoustra a créé cette erreur la plus fatale, la moralité : par conséquent, il doit aussi être le premier à la reconnaître.[242]

> Zarathoustra, le premier psychologue des Bons est, – par conséquent – un ami du mal.[243]

Et Nietzsche en tire la conclusion:

> – Dionysos contre le Crucifié ...[244]

La vie elle-même contre toute décadence et toute aversion de la vie – à partir de là « l'inversion de toutes les valeurs » prend son essor. A cet effet, Nietzsche pose le surhomme au-delà de l'homme comme objectif et place comme réalité suprême dans Zarathoustra le concept de surhomme.[245] Avec lui la vie reprend ses droits et ses prérogatives. La lâcheté, la stupidité ne règnent plus mais bien la véracité et Zarathoustra est – suivant la loi éternelle de la vie qui est dépassement de soi – le premier à bénir lui-même son effacement, à mourir consciemment ; brûlant pour l'avènement de son but – l'abolition d'une vieille erreur fatale – il fait la lumière pour

> préparer un moment de suprême introspection pour l'humanité, un grand midi, où elle regarde en arrière et regarde l'avenir, où elle s'évade de l'empire du hasard et du prêtre et où elle se pose dans son ensemble la question du pourquoi ?, du pour quoi faire ? pour la première fois.[246]

CE QU'EST LE SURHOMME

La réalité du surhomme, si l'on met l'accent sur le « sur », est la réalité d'un concept et demeure, au- delà de Nietzsche, assez d'espace pour remplir de sens. L'arc en ciel n'est pas pour rien l'un de ses symboles.

Le surhomme est un but et un espoir dans ce monde, une invitation à surmonter l'individu et tout ce qui est humain, trop humain. « Va au- delà de toi-même » ordonne la vie – et alors de concept de surhomme nous précédera jusqu'à ce que peut-être « du sombre nuage qu'est l'homme » frappe « l'éclair ». Et qui connaît alors la suite.

Ici ou là, l'un ou l'autre individu tend vers un peu plus de surhumanité, et peut-être de plus en plus souvent. Reconnaître soi-même la faiblesse et tout ce qui est faible en tant que tel ! Le courage de la vérité ! Le courage du dépassement ! Le courage de la réalité ! Le courage de soi-même ! Et pas des moindres : le courage de souffrir ! Mais aussi le dernier de tous: Ne pas avoir peur de mourir ! « De quoi suis-je fait ? » Ce sont sans doute les meilleurs indicateurs vers ce but. Mais se considérer soi-même comme un surhomme, penser que l'on représente soi-même le but, ce serait la plus funeste de toutes les erreurs. Parce que *le but et l'espoir doit être de devenir le surhomme*, pour « oser être soi-même », c'est à cela que sert la pensée du surhomme et elle doit rester ouverte à cela. Elle doit faire place à la vie.

« L'homme est une corde, nouée entre bête et surhomme, – Une corde au-dessus d'un abîme »[247] Chacun finira par chuter quelque part, il y aura toujours quelqu'un de meilleur pour dépasser tout un chacun. Il ne faut pas s'en lamenter, mais s'en réjouir et le concept de surhomme peut nous y aider. *Le surhomme est l'éternel sur- et surlendemain dont notre volonté nous dit qu'il est le « sens de la terre ».* Le surhomme est par conséquent l'abolition de l'éternel «à quoi bon ? » issu du jeu dionysiaque, un tour que la vie découvrit, comme si il y avait bien assez de dieux derrière le monde. *Le surhomme est la beauté apollinienne, dans laquelle s'est levée notre création du grand midi.*

LES PONTS DU SURHOMME

```
     Car, crois-moi ! – le secret, pour récolter
la plus grand plaisir et la plus grande générosi-
té de l'existence, c'est : vivre dangereuse-
ment !²⁴⁸
```

LE SURHOMME ET LA GUERRE

```
     Nous savons que le monde dans lequel nous
vivons est bien éloigné du divin, immoral, « in-
humain », – nous ne l'avons que trop interprété,
faussement et mensongèrement, mais dans le sens
de notre désir et de notre volonté de vénération,
c'est-à-dire pour répondre à un besoin.²⁴⁹
```

…selon le besoin des faibles.

Et qu'en avons-nous retiré ? Je pense maintenant qu'il n'est pas erroné de dire que le monde est devenu globalement de plus en plus inhumain. Où que nous portions le regard, il y a plus de souffrance qu'il ne serait nécessaire. Nous sommes poursuivis par les faux idéaux, ceux de la non-vie. Nous regardons maintenant la vie avec trouble – et nous nous craignons.

Ce qui provoque la peur en nous, ce sont les promesses du vieil idéal. La paix, par exemple, nous fait craindre la guerre. Les professeurs des anciens idéaux continuent encore à faire haïr la guerre, et dirigent ainsi nos efforts – dans le néant, la paix éternelle. Nous avons une telle peur de la confrontation que nous nous fuyons devant toute pensée et nous nous rendons, pour les rendre plus humaines. Quoi d'étonnant alors, qu'ensuite, nous enveloppant sans cesse de sa mollesse, elle nous empoisonne et aboutisse dans un tout autre que l'au-delà du bien et du mal, dans un non-sens total. Nous l'avons vu suffisamment souvent en général, et si nous le voulons, au quotidien dans les petites choses. Nous devrions mieux exploiter le conflit au lieu de nous affronter mutuellement au nom de la paix.

A quoi la guerre est-elle bonne ? « Pour voir où l'on en est, pour se chercher soi-même ! »

Vous voyez, la guerre vient « d'en bas », mais elle mène au sommet. La morale aussi vient d'en bas, mais elle conduit encore vers plus de profondeur. On doit livrer de temps à autre à de véritables combats pour s'améliorer, pour devenir plus fort. Nous avons besoin de la guerre, si nous posons le fait que nous voulons la vie, et elle a presque autant de visages que la vie. Le guerrier respecte la vie, s'il apprécie peu la faiblesse, c'est *son* droit, voire son devoir, parce qu'il respecte la vie — c'est pourquoi il remercie son adversaire, il est devenu plus fort grâce à lui.

Enfin la cruauté : Il était déjà plus ou moins clairement indiqué, que l'on ne se méprenne pas, qu'elle est une aberration de l'impuissance, la « guerre » d'en bas, le sordide qui cherche non pas sa victoire, mais la défaite de l'autre, le lamentable vestige de la volonté de puissance avortée ou parfois tout « simplement » stupidité sans pitié associée à une angoisse infinie. Combien de souffrances, combien de victimes dues à cette perversion ?

Aussi peu que *au-delà du bien et du mal* signifie au-delà du bien et du mauvais[250], aussi peu *l'inversion de toutes les valeurs* signifie le renversement de toutes les valeurs. Cela devrait désormais être clair. *Le surhomme n'est pas inhumain.*

Guerriers mes frères ! Je vous aime du fond du cœur, je suis votre semblable, je l'ai toujours été. Et je suis aussi votre meilleur ennemi. Alors permettez-moi de vous dire la vérité !

Je connais la haine et l'envie qui brûlent dans vos coeurs. Vous n'avez pas assez de grandeur pour ne pas connaître la haine et de l'envie. Mais soyez assez grand pour ne pas avoir honte d'eux !

[...]

Cherchez-vous un ennemi, menez votre guerre, combattez pour vos pensées ! Et si vos pensées succombent, que votre droiture clame pourtant la victoire !

Aimez la paix comme un moyen de nouvelles guerres. Et une courte paix plus qu'une longue.

[...]

Vous dites qu'une bonne cause sanctifie même la guerre ? Je vous dis, moi : c'est la bonne guerre qui sanctifie toute cause.[251]

LE SURHOMME ET LA RELIGION

Que l'homme soit sauvé de la vengeance : c'est pour moi le pont vers l'espoir le plus haut et un arc en ciel à la suite de longues intempéries.[252]

Les religions sont un non-sens, une aberration, dépourvues de sens. Dès qu'elles atteignent la transcendance, elles ne signifient plus rien et peuvent tout prétendre. Elles sont les armes les plus dangereuses dans les rapports avec la stupidité. Qui a besoin d'espoir, qu'il le mette dans son avenir et s'applique ainsi à *son* aujourd'hui. La religion c'est ce qui utilise des faits transcendants (c'est à dire du non-sens) et en tant que tels, elle devrait être supprimée – toutes.

On réfute une chose en la plaçant respectueusement de côté – voilà comment on réfute également les théologiens...[253]

LE SURHOMME ET L'ETAT

État ? Qu'est-ce que c'est ? Eh bien ! Maintenant ouvrez vos oreilles, que je vous dise un mot sur la mort des peuples.

L'État c'est le plus froid de tous les monstres froids. Il est froid aussi quand il ment ; et voici le mensonge qu'il profère : « Moi, l'État, je suis le peuple. »

Mensonge ! C'étaient des créateurs, ceux qui ont formé les peuples et déployé au- dessus d'eux foi et amour : ils ont ainsi servi la vie.

[...]

Ce signe, je vous donne : chaque peuple parle en son propre langage du bien et du mal : son voisin ne le comprend pas. Il invente son propre langage pour ses lois et coutumes.

Mais l'Etat ment dans toutes les langues du bien et du mal et quoiqu'il dise, il ment ; et tout ce qu'il a provient du vol.

Tout est faux en lui ; il mord avec des dents volées, ce hargneux. Même ses entrailles sont fausses.

Confusion des langues du bien et du mal : ce signe, je vous donne comme marque de l'État. En vérité, c'est la volonté de mort que suggère ce signe ! Vraiment, c'est une invitation aux prédicateurs de la mort !

Il naît beaucoup trop de gens : on a conçu l''Etat pour le trop-plein !

Voyez comment il les attire, ces superflus ! Comment il les avale et les rumine !

« Sur la Terre il n'y a rien de plus grand que moi : je suis le doigt souverain de Dieu » - ainsi rugit le monstre. Et ce ne sont pas seulement ceux qui ont la vue courte et de longues oreilles qui s'agenouillent devant lui !

Hélas, même en vous grandes âmes, il murmure ses sinistres mensonges ! Hélas, il devine les coeurs riches qui aiment à se donner !

[...]

Oui, on a inventé là une mort pour la multitude qui se glorifie d'être la vie : en vérité, le meilleur service à tous les prédicateurs de la mort !

L'État je le nomme comme lieu où tous sont intoxiqués, bons et méchants : l'État, où le lent suicide de tous s'appelle la « vie ».

Il suffit de voir ces superflus ! Ils s'emparent des œuvres des inventeurs et des trésors des sages ; ils appellent ces rapines « culture » et tout se mue chez eux en maladie et inconvénient.

Il suffit de voir ces superflus ! Ils sont constamment malades, ils vomissent leur bile et ils appellent cela les journaux. Ils s'entredévorent et ne peuvent se digérer.

Il suffit de voir ces superflus ! Ils s'emparent des richesses et n'en deviennent que plus pauvres. Ils veulent le pouvoir et d'abord le levier du pouvoir, beaucoup d'argent, – ces impuissants ![254]

Si nous Allemands, sommes encore aujourd'hui un peuple ? Un État en tous les cas, nous en avons un. Qu'il s'agisse encore aujourd'hui pour un peuple, d'exister parmi les peuples ? Pour moi, il semble que oui. Parce que les individus ne sont pas loin de penser ce que l'humanité ne peut que souhaiter, être un peuple. L' « objectif commun » seul manque. Et chercher « le surhomme » ou la « vie » en tant que tels ne serait pas une hâte délirante, mais le plus grand non-sens. Il serait préférable, si c'est vraiment le cas, de rester parmi les hommes. Cependant, on est encore loin du compte. Obscurci par les idoles et troublé par le transcendantal, l'homme demeure encore le plus souvent dans la contemplation et contemple la plupart du temps.

En relation avec le sujet du présent paragraphe, en la reconnaissant avec Nietzsche, comme une conséquence de l'aveuglement et, par conséquent dans le désir de la modifier de pied en cap, je voudrais poser ici une alternative à la formulation du préambule de la Constitution allemande.

Loi fondamentale pour la République fédérale d'Allemagne. Préambule. – Conscient de sa responsabilité devant Dieu et les hommes, animé par la volonté de servir la paix du monde comme un partenaire à part entière dans une Europe unie, le peuple allemand a édicté en vertu de son pouvoir constitionnel cette loi fondamentale.[255]

Alternative. – Conscient de sa responsabilité envers le peuple, animé par la volonté de servir en tant que membre de l'union européenne et du respect des peuples de cette terre, le gouvernement allemand, en vertu du pouvoir conféré par le peuple allemand, édicte cette loi fondamentale de tous les Allemands.

Explications. – Premièrement: Quelle est cette « responsabilité devant… » ? Devant Dieu ? Supposons que Il / Elle / Cela soit vraiment quelque chose : Cela que nous sommes au moins en mesure de reconnaître, dont, par conséquent, nous pouvons au moins connaître la volonté, ce serait la volonté du prêtre, dans la conscience de la responsabilité devant le (dictateur inconnu) ? C'est cela qu'il faut comprendre ? Peut-on vouloir cela ?

Deuxièmement : « devant » l'homme ? Je ne comprends pas. Est-ce que l'entrepreneur a une responsabilité « *devant* » l'entreprise ? La mère ou le père « *devant* » l'enfant ? L'entreprise ou l'enfant ne sont rien qui soit « devant » l'entrepreneur ou les parents. Et même si c'était le cas, il vaudrait mieux dire : « responsabilité face à ». C'est l'entrepreneur qui dirige l'entreprise et les parents l'enfant. Il ne peut donc y avoir qu'une « responsabilité de » et tout est dit avec cela. Le pouvoir supérieur endosse la responsabilité pour les plus petits, les plus forts pour les plus faibles. Si c'est le cas il en découle alors un sens vraiment fondé et clairement compréhensible. C'est là précisément que l'on ne doit pas ramollir cette cause dans des imprécisions que l'on peut même retourner ou repousser. « Pour » est l'engagement le plus clair d'un gouvernement et « *pour* les individus » devrait être une contrainte absolue dans son orientation.

La responsabilité « devant » signifie pouvoir être en mesure d'accomplir une exigence. En tant « qu'exécutif » il ne peut y avoir pour un gouvernement de responsabilité « devant » quoi que ce soit – au mieux « *pour* » – Dieu est mort.

Troisièmement : « comme un partenaire de plein droit dans une Europe unie » – L'unification de l'Europe est une tâche ! Un but ! On n'en est pas loin. Et qu'est-ce qui nous oblige à la bâtir sur des mensonges ? « De plein droit » ? Est-ce que nous l'arrachons ? Ou est-ce que nous l'octroyons ? Et peut-être ne devrait-on surtout pas mettre la charrue avant les bœufs. Ce devrait être notre premier devoir de nous réconcilier avec nous-mêmes, et plus encore du service constant pour l'unité allemande, avant le service à l'Europe. « Pourquoi vois-tu la paille qui est dans l'œil de ton frère, et n'aperçois-tu pas la poutre qui est dans ton œil ? » C'est bien mieux aussi pour ton voisin. Nous Allemands nous ne nous regardons pas et ne nous comprenons pas encore suffisamment.

Quatrièmement : « pour servir la paix du monde » – non seulement dans les faits, mais même en projet on ne devrait pas y penser. Qui nous oblige à nous placer devant des tâches insolubles qui pourraient servir à justifier toutes sortes de mauvaises choses ? Et qu'entend-on exactement ici ? La « paix éternelle », si besoin est avec tout et n'importe quoi ?

Cinquièmement : « Le peuple allemand se donne à lui-même, en vertu de son pouvoir constitutionnel une loi? » Si je me donne moi-même une loi, ai-je besoin de quelqu'un d'autre encore pour me la donner ? Au mieux s'agit-il d'une métaphore. En fait, ce n'est rien d'autre qu'une fiction. Restons honnêtes! Il ne sert à rien de se perdre dans des cercles confus. C'est un gouvernement (autrefois, il y en avait quelques-uns de plus) qui « promulgue » la loi. Et finalement ce gouvernement n'est rien sans ceux qu'il gouverne et réciproquement. Le maintien de la loyauté par le principe constant : « Qui peut commander doit obéir »[256], participe peut-être du concept de démocratie, mais à quoi bon forcément coller à des termes anciens et trompeurs ? Pourquoi coller forcément à « l'État » ?

Il est encore possible aux grandes âmes de jouir d'une vie libre. Pour les solitaires, seul ou à deux, Il existe beaucoup d'endroits autour desquels souffle la rumeur des mers silencieuses.

Il est encore possible aux grandes âmes d'avoir une vie libre. En vérité celui qui possède peu est d'autant moins possédé : louée soit une pauvreté modeste.

Là où s'éteint l'état, commence seulement l'homme, qui n'est pas vanité : là commence le chant de la nécessité à la mélodie unique et irremplaçable.

Là où l'Etat finit, – regardez avec moi au loin, mes frères ! Ne voyez-vous pas, l'arc en ciel et les ponts vers le surhomme ? – [257]

LE SURHOMME, L'AMI ET L'AMITIE

Cela me touche aussi profondément que si tu avais mérité la couronne de lauriers. Ce serait un authentique service d'ami, de me remuer profondément, de me placer en face de moi-même comme je ne le fus jamais, de me faire voir la nouveauté en moi, et même un gouffre à surmonter ou à affronter.

Les surhommes ne se ménagent pas. Ils s'entraînent mutuellement vers plus de dépassement, intérieurement et extérieurement – et deviennent ainsi des figures pourvues de plus d'envergure et de profondeur.

Tout bonheur sur terre,
Amis, vient du combat !

Oui, pour devenir amis,
Il faut l'odeur de la poudre !
Dans trois choses les amis sont unis :
Frères dans la nécessité,
Egaux face à l'ennemi,
Libres – devant la mort ![258]

L'amitié a beaucoup à voir avec le respect mutuel et la connaissance de ce respect. Mais la façon de gagner le respect de l'autre, si ce n'est dans le combat, et la capacité de s'opposer sont des conditions pour devenir amis. L'amour ne participe pas moins à cela et il n'est pas rare de se mépriser soi-même dans son ami et de s'aimer en lui. Où l'on voit seulement un « sur- soi-même », il ne peut y avoir d'amitié, parce que l'on adore. Où l'on ne voit qu'un « sous-soi-même », il ne peut pas non plus y avoir d'amitié, parce que l'on se méprise. Et tout comme Eros est une sorte de compromis entre un en-bas méprisé et un au-dessus adulé, l'amour appartient au genre de l'amitié. Sans amour, on ne peut mener aucune *bonne guerre*. On nourrira sinon la crainte d'être méprisé.

Tu ne saurais assez te parer pour ton ami ; car tu dois lui être comme une flèche dans son désir vers le surhumain.[259]

Mais que l'on soit tout aussi certain d'être méprisé, lorsque l'on est un ami, et que l'on se contente de se dire que c'est bien comme cela. Dans une véritable amitié on parle sans tristesse : « Vas-tu vers le matin : je vais alors vers le soir »[260] Finalement l'ami surmonte pourtant le funeste mépris et le remplace par le regard sur l'autre. Lorsqu'il s'aperçoit

que toutes les opinions chez autrui, quelles que soient leur genre et leur force, sont tout aussi nécessaires et irresponsables que leurs actions, il acquiert ainsi une considéra-tion pour cette nécessité intérieure des opinions

```
faite   d'un   entrelacs   entre   le   caractère,
l'activité, le talent, l'environnement ...261
```

Ainsi surmonte-t-il également sa secrète préoccupation que personne ne puisse être son ami, car personne ne ressent les choses comme lui, parce que personne ne le connaît. Que l'on se laisse aller avec quelqu'un d'autre, c'est aussi un attribut de l'amitié, et il est douloureux de se taire devant un ami. « L'ami doit être un maître dans l'art de deviner et de se taire : garde toi de vouloir tout voir »[262] Mais que la compassion soit bannie de l'amitié. Où règne la pitié, il n'y a plus d'ami.

```
    Je vous enseigne l'ami qui porte en lui le
monde comme une coupe de bénédiction, - l'ami
créateur qui a toujours un monde accompli à of-
frir.263
```

... Et enfin, si nécessaire, même un « que s'accomplisse la mort » – pas une larme, un « Oui ! » à l'adieu.

LE SURHOMME, L'HOMME, LA FEMME ET LA CONCEPTION

```
    Le meilleur ami saura probablement obtenir
la meilleure femme, car un bon mariage tient au
talent pour l'amitié.264
```

Ce qui provoque le *dégoût* de l'homme, c'est son auto dénigrement permanent, sa dégénérescence. Les motivations de la *pitié* pour l'homme tiennent à « l'éternel à quoi bon ? », « l'éternel trop tard », son achoppement au progrès, le jeu des pures coïncidences dans ses embarras et ses opportunités, la puissance de la faiblesse. L'homme est encore trop souvent à côté de lui-même, il agit et se rend compte des choses généralement trop tard et souvent en vain. Il tue et détruit pour de mauvaises raisons et ses fausses espérances dans ses créations lui sont le plus souvent égal.

Lorsque la future mère a ouvert la porte de l'hôpital pour accoucher, la vieille femme russe a crié de derrière la fenêtre : « Ce sera un prince ! Il faut que ce soit un prince ! »

Le rayon d'une étoile brille dans votre amour ! Que votre espérance clame : « Que ce soit un surhomme qui naisse. »[265]

Et que pourrait-on se souhaiter d'autre, que pourrait-on souhaiter pour un enfant d'autre qu'être meilleur et plus puissant que soi-même ? Mais que fait-on pour cela ? Combien de fois n'est-ce pas tout simplement non la volonté de surhumanité que choisissent les partenaires pour leur enfant, mais l'enfant pour lui-même, l'enfant de l'autosatisfaction et de celle du partenaire?

Soif du créateur, flèche et désir du Surhumain : dis-moi, mon frère, est-ce là ta volonté d'union ?[266]

La folie de « l'Immaculée Conception », la calomnie de la procréation et leur lien étroit avec la mauvaise conscience est un héritage de l'église, et précisément là où on se croit le plus capable de la surmonter, grâce à la science de la génétique, cette illusion demeure encore extrêmement puissante. Que veut-on ce faisant? Créer un homme « indépendant » des autres hommes, c'est de cela dont on rêve. Mais que l'éducation des enfants soit « une poursuite de la procréation »[267], que la « création » d'un être humain soit une création permanente, on le voit parfaitement dans la « combinatoire des gênes ». Que l'éducation soit aussi « souvent une sorte d'embellissement supplémentaire »[268] de la procréation tient au problème rappelé tout d'abord, auquel ce que qui a déjà été dit peut apporter un début de solution.

> Tu es jeune et tu désires enfant et mariage. Mais je te le demande : es-tu un homme en droit de désirer un enfant ?
> Es-tu le vainqueur, maître de toi-même, souverain de tes sens, le seigneur de tes vertus ? Oui, je te le demande.
> Ou bien est-ce l'animal et ses besoins qui parlent en toi ? Ou la solitude ? Ou le mécontentement de toi-même ?
> Je veux que ce soit ta victoire et ta la liberté qui se languissent d'un enfant. Tu dois ériger de vivants monuments en l'honneur de ta victoire et de ta libération.
> Il te faut bâtir quelque chose qui te dépasse. Mais d'abord tu dois te construire comme moi-même, carré de corps et d'âme.
> Non seulement tu dois te propager, mais rehausser ta descendance ! C'est à cela que le jardin du mariage t'aidera !
> Tu dois créer un corps supérieur, un premier mouvement, une roue qui tourne d'elle-même, -tu dois créer un créateur.
> Mariage : j'appelle ainsi la volonté de créer à deux l'être unique qui sera plus que ceux qui l'ont créé. Le respect de l'autre est ce que j'appelle le mariage, respect mutuel de ceux qu'anime une semblable volonté.
> Que ce soit le sens et la vérité de ton mariage.[269]

L'homme et la femme sont comme l'aigle et le serpent, les animaux de Zarathoustra, « l'animal le plus fier sous le soleil, et l'animal le plus sage sous le soleil »[270], les deux derniers prédateurs.

Fierté et sagesse, dépassement et perfection[271], ce qui sans cesse mène et tire, profondeur et superficialité[272], volonté et désir de volonté[273], le monumental et l'antique, l'abyssal et le vertigineux et la guerre pour et dans le présent[274], – ce sont l'homme et la femme, la différence des sexes, les types.

Les femmes ont la compréhension plus précise, plus pragmatique. Là où les hommes regardent en avant et dans la profondeur du passé, l'intellect féminin va vers l'entière maîtrise de l'ici et maintenant, alors que l'intérêt de l'homme pour l'hier et le demain l'emmène facilement vers sa perte. Les femmes sont la protection, les hommes les audacieux guerriers. Et dans la mesure où ils s'aiment, s'ils ne peuvent pas gouverner ensemble, ils se complètent.

L'orgueil est le signe de l'assurance de soi, d'où elle procède. L'orgueil donne raison à la volonté et l'éloigne de l'autre volonté, il trace des frontières aux volontaires et peut donc susciter la crainte – ou même provoquer la risée. L'orgueil se mesure aux deux – secrètement.

Les femmes veulent des hommes fiers, confiants, maîtres de leur propre volonté. Leur fierté se mesure à la volonté de l'homme et s'interroge : « Est-il digne de moi ? » Ce genre de fierté féminine conduit l'homme placé devant (sa) une femme à la question : « Suis-je digne d'elle ? » C'est ainsi que tous deux nourrissent leur volonté et que l'un et l'autre s'apprécient.[275]

L'amour de l'homme pour sa femme est une volonté de posséder, celui de la femme pour l'homme une volonté d'amélioration. La femme nomme « amour » « dévotion totale (pas seulement abandon) corps et âme, sans retenue aucune, toute réserve étant regardée avec honte et horreur à la pensée d'une dévotion liée aux conditions un peu alambiquées qui y sont attachées »[276]. Pour l'homme, l'« amour » n'est que la volonté d'obtenir cet amour d'une femme. Il veut être plus riche. Elle veut les rendre plus riches. Tous les deux mettent dans l'amour quelque chose de complètement différent et souvent l'aimé leur deviendra suspect si il / elle se trompe dans son amour du sexe opposé, dans sa façon d'aimer.

126

La femme s'abandonne, l'homme prend davantage - je pense qu'aucun contrat social, ni même la meilleure volonté de justice ne peuvent passer outre à cet antagonisme naturel : si souhaitable qu'il puisse être de ne pas se fixer sur la dureté, l'horreur, le mystère, l'immoralité de cet antagonisme. Car l'amour conçu dans sa totalité, sa grandeur, sa plénitude est la nature et a nature, de toute éternité, est quelque chose « d'immoral ».[277]

Là où l'homme et la femme se connaissent règne constamment cette tension, qui rend l'une plus sage, l'autre plus fort. Chaque sexe a ses propres armes dans cette guerre et les deux ont quelque chose à perdre. L'un son sens et sa récompense, l'autre son objectif et les aboutissants. C'est avec l'enfant que la femme atteint son propre but et est sauvée par l'homme.[278] Si à ce moment « cette convoitise cupide entre deux personnes cède à une nouvelle cupidité, à une nouvelle convoitise, à la soif supérieure *commune* d'un idéal qui les transcende »[279], alors est atteint une espèce supérieure d'amour : « Son véritable nom est *amitié* »[280]

Voici comment je veux homme et femme : propre à la guerre pour l'un, propre à la maternité pour l'autre, mais le deux capables de danser avec leur tête et leurs jambes.
Et que le jour où l'on n'a pas dansé au moins une fois soit perdu pour nous ! Et que soit considérée comme fausse toute vérité qui n'a pas été accompagnée de rires ![281]

LE SURHOMME, LA MORT ET L'AGONIE

Tous prennent la mort au sérieux : mais la mort n'est pas encore une fête. Les hommes n'ont pas encore appris comment on célèbre les plus belles fêtes.[282]

Chaque Américain a le droit de posséder une arme. Pour se défendre soi-même, dit-on, mais finalement aussi pour se tirer soi-même d'affaire contre un autre. Tout citoyen européen devrait posséder une capsule de cyanure, pour être en mesure de se sacrifier lui-même selon sa volonté future, selon la volonté de sa propre volonté de puissance. On peut bien sûr se tuer aussi avec une arme à feu ou avec du cyanure, mais ce n'est pas de cela qu'il s'agit ici. Il s'agit de l'orientation de la pensée. L'un provient ou résulte de la peur, et se présente comme remède, l'autre vient du courage envers soi-même et de la conscience de sa propre détermination. Bien sûr ! Les deux pensées concernent des situations extrêmes, mais encore une fois : La première pensée fuit l'inévitable, le seconde lui fait face.

Je vous montre l'accomplissement de la mort, qui doit être pour les vivants un sceau et une promesse.
L'homme accompli meurt en vainqueur, entouré de ceux qui sont pleins d'espoir et de promesses.
Il faut donc apprendre à mourir ; et il ne devrait y avoir aucune fête au cours de laquelle un tel mourant ne consacrerait le serment du vivant ![283]

LE SURHOMME ET LA VIE

Courageux contre nous, qu'est-ce d'autre qu'un ami ;
courageux contre l'ennemi ;
magnanime envers les vaincus :
courtois -toujours[284]

L'ELEVATION DE L'HOMME ET DES HOMMES SUPE-RIEURS

Comment cependant Nietzsche entendit-il un jour Dionysos se parler à lui-même :

« Il m'arrive parfois d'aimer l'homme [...] l'homme est selon moi un animal agréable, vaillant, inventif, qui n'a pas son pareil sur la terre, il se retrouve toujours dans tous les labyrinthes. Je lui veux du bien : je pense souvent à la façon dont je peux le faire progresser, le rendre plus fort, plus méchant, plus profond » – « plus fort, plus méchant, plus profond ? » questionnai-je avec effroi. « Oui – répéta-t-il à nouveau, plus fort, plus méchant, plus profond ; mais aussi plus beau. »[285]

On peut tortiller les choses autant qu'on veut, il n'en reste pas moins vrai que : on ne devient pas plus intelligent sans problèmes graves et plus fort sans véritable combat. C'est dans la faiblesse réside le plus grand danger, et pas seulement pour les faibles. Une meute de hyènes peut même s'attaquer à un lion et l'abattre. L'élévation de l'homme nécessite les deux, l'homme doit devenir plus intelligent et plus fort – plus libre, plus doué, plus grand, plus puissant. Et pour autant que le surhomme soit homme et vie, on ne peut souhaiter que les problèmes et les combats lui soient épargnés.

En vérité, il existe pour le mal aussi des perspectives d'avenir ! Et le sud le plus brûlant reste à découvrir pour l'homme.
Que de choses passent maintenant pour la pire des méchancetés, et n'ont jamais que douze pieds de large et trois mois de temps! Mais un

jour viendront au monde des dragons d'une autre
importance.

Pour qu'il ne manque pas au surhomme son
dragon, un surdragon digne de lui, il faudra que
beaucoup de soleil brille encore sur l'humidité
des forêts vierges ![286]

Qui veut conduire l'homme vers les hauteurs doit aussi
l'entraîner dans des situations difficiles et dangereuses. La
guerre, la souffrance, le danger et la douleur sont nécessaires à
l'élévation de l'homme. Et le surhomme les provoquera lui-
même, en toute connaissance de cause, il y mettra bon ordre et
y fera face.

Et, en vérité, vous bons et justes ! Il y a
en vous tant de choses qui prêtent à rire et surtout votre crainte de ce qui a été précédemment
appelé « diable » !
Vous êtes si étrangers à la grandeur dans
votre âme que vous seriez terriblement effrayés
par le surhomme dans sa bonté !
Et vous sages et savants, vous fuirez le
soleil brûlant de la sagesse dans lequel le surhomme baigne avec plaisir sa nudité ![287]

Quelle est la plus grande astuce de tous les entraîneurs
et enseignants ? D'assigner à leurs protégés le bon adversaire, la
bonne tâche. Au mieux, il s'en faut à chaque fois d'un cheveu
qu'on en arrive à une défaite.

L'élévation résulte toujours d'un surpassement. Avoir
acquis un niveau plus élevé de pouvoir va dans ce même sens.
On maîtrise infiniment plus lorsque l'on est redevenu le maître
de nouvelles causes. C'est le chemin de la grandeur, et il est
donc besoin d'un pari – une danse sur la corde, jouer avec le
feu. Il faut désirer le risque.

Le chemin du guerrier consiste dans la disposition inconditionnelle à mourir.[288] (Shinmen Musashi)

Le chemin de la grandeur est également le chemin de l'isolement et de la solitude. On abandonne beaucoup de choses derrière et sous soi-même. Des hauteurs s'épanouit une bonté et un amour plus pur, qui ne se tourne plus vers le haut et n'est de ce fait ni hypocrisie, ni cupidité, mais vers le bas. Zarathoustra l'a appelée « la vertu qui donne ». Elle ne s'épanouit que dans et à partir de la distance et donc, il est aussi – vu « d'en bas » – mauvais de vouloir supprimer la distance, qui a été remportée dans la bataille pour la grandeur. La distance qui sépare, c'est plutôt là où il s'agit seulement de maintenir et de se développer. Plus haut ! C'est ce que veut la vie, et cela ne peut en aucun cas être mauvais.

On est un parasite si l'on vit des victoires des autres et que l'on vit pour ne pas devoir soi-même vaincre. Le parasite sera un lâche et un menteur habile ; ou tout simplement, pour le parer de l'un de ses plus beaux noms, un bon.

Des pensées de cet ordre se tiennent en arrière-plan lorsque quand Nietzsche parle de « cet homme qui a besoin d'être ce qu'il y a de pire pour être ce qu'il y a de meilleur »[289]. Le mal en tant que volonté agressive, suprématiste et tout ce qui provoque et oblige à la suprématie et entraîne l'homme au-delà de lui-même.

« L'homme doit devenir meilleur et plus mauvais » – c'est ce que j'enseigne. Le pire est nécessaire à la perfection du surhomme.[290]

« Qu'est-ce que le bonheur ? – Le sentiment que le pouvoir progresse, que la résistance est vaincue »[291]

Le malheur est à l'opposé du sentiment que le pouvoir disparaît ou vient à manquer, qu'aucune résistance ne se présente ou que l'on ne peut rien surmonter. *Toute victoire est d'abord et en fin de compte un dépassement de soi.*

> Le bonheur et le malheur sont deux frères jumeaux et qui se développent ensemble ou, comme vous [les nantis et les bons vivants], – restent petits ![292]

C'est là que se tient la cruauté de la vie et son joyeux message.

LES TROIS VICES : LA LUXURE, LA SOIF DE POUVOIR ET L'EGOISME

Qu'est-ce que la luxure ? Un pont qui mène de jadis vers le présent. Qu'est-ce que la soif de pouvoir ? La contrainte qui force la supériorité à s'abaisser. Qu'est-ce que l'égoisme ? Ce qui veut enfler encore ce qu'il y a de plus élevé.[293]

> Qu'est-ce qui est mauvais ? – Tout ce qui provient de la faiblesse.[294]

La volupté. – Le plus grand voluptueux sur terre semblait jusqu'à présent être le prêtre ascétique. Dans quelle mesure le plaisir est étroitement lié à la cruauté, alors même que les deux sont presque un et semblables, est clair en soi. Le plus grand plaisir de l'ascète est de s'éloigner de la vie. La cruauté contre la vie est son plaisir.

> Réduire la corporéité à une illusion, tout comme la douleur [...] Refuser de croire à son moi, se nier à soi-même sa propre réalité – quel triomphe ! – Ce n'est déjà plus seulement un triomphe sur les sens, sur l'apparence, mais une sorte bien supérieure de triomphe, un viol et une

```
cruauté contre la raison : à quel sommet atteint-
il lorsque le mépris ascétique de soi, la déri-
sion de la raison décrète : « Il y a un royaume
de la vérité et de l'être, mais la raison en est
précisément exclue! »...
```
[295]

L'ascète est au plus haut point mauvais (luxurieux), mais le résultat n'en fut que meilleur, car ce qu'il a établi jusqu'à présent au sein de l'humanité, c'est l'éducation de l'esprit et la révérence devant les concepts et les idées. L'idée de surhomme serait sans lui, sans aucune force. Mais maintenant l'Esprit qui s'est tourné jusqu'à présent vers le néant, s'est cassé les dents sur ces audaces et s'est durci la mâchoire, doit se tourner vers la vie. La volupté du créatif doit trouver sa satisfaction dans la cruauté envers les supercheries et les mensonges, dans l'anéantissement de tout au-delà et de toutes les affabulations. La vie a déjà suffisamment été torturée avec tout cela.

Qu'enfin la volupté, quel qu'en soit le visage, devienne le « vin des vins respectueusement soigné »[296], car :

```
N'oublie pas, homme, que sans la volupté,
tu es pierre, désert, - tu es la mort...
```
[297]

L'Ambition. — L'ambition semblait bien être aussi être jusqu'à ce jour la plus prononcée chez les ascètes, si on fait abstraction des rois, des empereurs et des grands dirigeants des nations. L'Eglise des chrétiens a été l'institution la plus ambitieuse du monde. Les plus spirituels sont toujours les plus ambitieux. Ainsi la science n'est-elle jamais exempte d'ambition. Que l'on désire que ce qu'il y a de plus lointain devienne le plus proche, c'est cela l'ambition, et c'est ainsi que « l'esprit » entraîne vers le « monde ». De la force de cette impulsion, on peut constater à quel point d'éloignement les religions situent leur « esprit » par rapport au « monde », et se faire une opinion sur leur utilité dans la vie.

À l'autre extrémité du spectre « ambition » se trouve ce que Nietzsche appelle « la vertu qui donne ». Entre les deux il y a toutes sortes de « chevaux fiers » et de « peuples vaniteux », ceux qui s'imaginent sublimes et que, dans leur folie, chevauche « le frein cruel qui se nomme ambition ».[298] Précisément une telle ambition qui pense encore devoir contraindre, et qui se donne d'abord tous les moyens de la coercition, tandis qu'elle maintient l'homme en plein au-delà, invite sans cesse au combat et entretient le « grand mépris » dont elle a besoin pour chaque victoire. La vertu généreuse, enfin, la juste ambition est le résultat d'un surplus. Ici la volonté de l'emporter n'est plus une volonté, mais une nécessité. La souffrance attachée à cette vertu est peut-être de savoir qu'offrir est aussi importun. Mais cela ne peut être autrement. Ici s'écoule tout simplement sans cesse un surplus dans lequel peut puiser et prendre qui veut, porcs ou papillons délicats. La vie elle-même est de cette sorte, un excédent sans cesse croissant.

L'égoïsme. – Le parasite est presque désintéressé. Le désir d'auto-préservation est la dernière chose qui demeure de sa volonté de puissance. L'expression la plus basse de la volonté de puissance est tout ce qui lui reste et dont il prend encore soin. Cela, ce qui lui reste en dernier, le parasite en prend bien soin et le gonfle pour ainsi glaner chaque petit avantage. Pas étonnant qu'il ait besoin de sans cesse renier son moi, son propre moi. S'il prêche l'altruisme, c'est de son intimité qu'il parle et dit en réalité : « Donne-moi » La prudence est sa vertu cardinale.

Le grand égoïsme cependant c'est l'idée mirobolante d'une existence que l'on a trouvée au fond de son âme, peut-être sombre, mais l'or ne brille pas. Cette idée de se fondre dans l'extérieur, de lui donner « ta chair et tes os »[299], d'offrir son « fantôme » à sa vie, c'est le grand égoïsme. A quel point est-il éloigné des petits égoïsmes, des égoïsmes à court terme. La volonté de ceux qui se choisissent eux-mêmes est à long terme et échoue le plus souvent. Tout égoïsme est de courte durée.

LES HOMMES SUPERIEURS

        Hommes supérieurs, pensez-vous que je sois là pour réparer ce que vous avez mal fait ?
        Ou pour vous préparer une couche plus agréable à vos souffrances ? Ou pour vous indiquer des sentiers plus aisés à vous les inquiets, les errants, les égarés des hautes montagnes ?
        Non ! Non ! Trois fois non ! Un nombre croissant d'entre vous périra et des meilleurs – car il faut que la vie vous devienne de plus en plus difficile et pénible. C'est ainsi seulement –
        – c'est ainsi seulement que l'homme grandit, atteint les hauteurs où la foudre le frappe et le brise : assez haut pour la foudre ![300]

Le rire est la forme la plus polie du mépris, rire de soi-même, la manière la plus courtoise de se mépriser. Le rire aide aussi à surmonter la douleur.

        J'ai dit que le rire était sacré ; ô hommes supérieurs, apprenez-moi donc à rire ![301]

Le Surhomme est aussi un appât, un leurre que Zarathoustra a lancé afin d'attraper les gens les plus élevés d'aujourd'hui. Il veut d'abord les conduire au surpassement, plus haut, au-delà de leur propre déchéance. Que ce qui mord à cet appât se retrouve finalement dans la grotte de Zarathoustra, peut être compris comme un symbole de la modernité, comme un symbole de ce qui est le plus élevé dans l'âge moderne.
Ainsi Zarathoustra commence d'abord avec *ces deux* premiers rois qui souffrent d'un côté du fait qu'ils ne sont plus

le premier à être roi, presque plus rois, et de l'autre de qu'ils doivent cependant encore le paraître. Avec eux, il attrape un *âne* qui dit oui et Amen à tout.

Deuxièmement, il se trouve un scientifique spécialisé qui cherche désespérément la vérité. Il aurait été satisfait d'en trouver la moindre et se torture lui-même pour cela – bien étroite et stricte est la *capacité de l'esprit au savoir.*

La troisième expie amèrement d'avoir de l'esprit. C'est un hautain, qui manifeste à longueur de journée les attributs de la supériorité, mais n'en a de loin pas la force et en souffre. Il demeure un *magicien*, enchanteur et ensorceleur.

Zarathoustra s'en prend quatrièmement au dernier Pape, la douceur, la fidélité et la tendresse en personne, un fidèle *serviteur, dont le maître est mort* et, maintenant que son maître est mort, à qui toutes les capacités de doute retenues jusque- là font souffrir l'âme.

De même, cinquièmement, vient le *meurtrier de Dieu*, l'homme le plus haïssable, la somme de tout ce qu'il y a de haïssable et de dépravé dans l'homme, le plus grand mépris, le grand dégoût qui a pris sa revanche sur les témoins et a ainsi tué Dieu. La pitié et l'indiscrétion de tous les miséricordieux l'entraînèrent à tuer ce dieu particulièrement curieux, indiscret et miséricordieux.[302]

« Est-il vrai que l'amour de Dieu est présent partout, » dit une petite fille à sa mère, « mais je trouve cela indécent »[303]

Sixièmement, le *libre mendiant* qui laissa partir sa richesse dans sa recherche du bonheur mord à l'appât. « Convoitise luxurieuse, jalousie bilieuse, sombre rancune, orgueil plébéien »[304], voilà ce qu'il trouve parmi les pauvres chez qui il a fui. Mais c'était bien ce à quoi il espérait échapper, au monde de la richesse, à tout ce petit égoïsme jaune. Il se tourne désormais vers les animaux.

Zarathoustra avait conçu l'appât dans l'espoir de l'homme supérieur. Et il les a attrapés, les hommes supérieurs, mais son ultime espoir n'a pas été réalisé et finalement, septièmement il ne put se défaire de son ombre, *l'esprit de gravité*, l'esprit libre, sans retenue, l'éternel chercheur toujours en quête du slogan : « Rien n'est vrai, tout est permis »[305]. Il est presque nécessairement et le plus souvent sans objectif et donc sans chemin. La recherche sans fin devient une « visitation » et la source de sa mélancolie :

« Où est - ma patrie ? » J'interroge et je la cherche et je l'ai cherchée sans la trouver. O éternel partout, ô éternel nulle part, O éternelle - à quoi bon ! »[306]

Les souverains qui ne peuvent régner et doivent cependant faire comme si ils le pouvaient et qu'ils l'étaient : esprits étroits et stricts à la recherche de vérités perdues dans les sables, enchanteurs prétentieux, magiciens et beaux-parleursacteurs ; serviteurs sans maîtres ; ratés et malheureux pleins de rancune ; amoureux transis ; chemineaux errants poursuivis par la mélancolie.

Ceci est l'expression ultime de la modernité, c'est l'âge moderne, le terreau d'où le matin se lève et dont le crépuscule dégagera le sol pour le surlendemain : la volonté de régner, un froid regard sur la vérité ; spectacles et acteurs de la grandeur ; des milliers de bras et de cœurs libres, volontaires pour un but ; un grand mépris et un grand dégoût ; pour les amoureux déçus des animaux et des plantes, une grande nostalgie —

J'aime celui qui répand devant ses actes ses mots d'or et tient toujours plus qu'il ne promet ; car il veut périr.

J'aime celui qui vit pour savoir et qui ne veut que savoir pour que vive un jour le surhomme. Et de cette façon, il veut sa propre perte.

J'aime ceux qui ne savent vivre qu'à condition de périr, car ce sont les passeurs.

J'aime celui qui châtie son dieu parce qu'il l'aime : car il périra de la colère de celui-ci.

J'aime les grands contempteurs, parce qu'ils sont les grands adorateurs, et des flèches de désir pour passer à l'autre rive.

J'aime ceux qui n'ont pas besoin de chercher une justification au-delà des étoiles pour périr et se sacrifier : mais qui s'immolent à la terre pour qu'un jour la terre soit celle du surhumain.

J'aime celui qui est libre de cœur et d'esprit ; sa tête ne sert que d'entrailles à son cœur, mais c'est son cœur qui le pousse à périr.[307]

LE MARTEAU ET LE GRAND MIDI

C'est à côté de la mauvaise conscience que toute science s'est jusqu'à aujourd'hui développée ! Brisez-les, brisez-les, amis, les vieilles tables ![308]

C'est le mieux qui doit prédominer, dit l'éthique ; le meilleur gagne dit la vérité. Laissons de côté la différence entre être et nécessité. Qu'est-ce aujourd'hui que le meilleur, qu'est-ce qui règne et régnera ? Le pouvoir suprême s'appelle aujourd'hui intelligence, elle est encore attachée à ses origines et elle est donc suprêmement liée à la faiblesse, elle est un héritage de la religion chrétienne. Mais la faiblesse est si répandue, que l'intelligence est maîtresse de toute force. Cette intelligence de la faiblesse, c'est aujourd'hui le bien suprême, le pouvoir, elle est souveraine. Que cette intelligence dépasse son origine et donc elle-même, c'est cela le spectacle du grand midi, la représentation à laquelle Nietzsche voit prêt l'univers et lui-même son annonciateur. Les valeurs de faiblesse sont celles sur lesquelles l'intelligence continue à tout bâtir absurdement. Mais c'est égal, qu'elle le veuille ou non, ces valeurs s'effondrent morceau par morceau. Les prêtres ont creusé eux-mêmes la tombe de leur dieu avec leurs éternelles parlotes sur la vérité.[309] Aujourd'hui on prend plus au sérieux la vérité que dieu.

Et il n'y a pratiquement plus aucun scientifique qui croie aujourd'hui à une vérité éternelle. C'est déjà bien amusant quand on entend dire franchement de la part d'un historien que chacun se « construit » une « histoire ». Je m'imagine combien il était heureux par le passé, tant que ne lui était pas posée cette question en liaison avec cet aveu, de quel droit « fabriquait-il » de l'histoire ? Encore quelques décennies peut-être et l'on s'apercevra que la physique et les mathématiques se trouvent dans le même embarras, et que bien plus que décrire la réalité elles construisent une réalité et qu'elles sont pour ainsi dire « *créatrices* ». Au mieux, elles ne peuvent plus se justifier encore que par rapport à un objectif, et si l'on doit en appeler à la vérité, c'est en vérité un recul. « Que voulez-vous ? » Il n'y a rien d'autre que la réponse à cette question qui *dirige* la science et la science ne *dirige* avec rien d'autre l'existence – comme créatrice de réalité elle donne à l'existence une orientation. Comme déjà dit, je suis convaincu que les puissants le savent bien.

Où que l'on regarde, la grande lacune des modernes tient à un « pourquoi » faux ou manquant. Les vieilles valeurs, les anciens objectifs, se sont entraînés eux-mêmes vers l'absurde où se trouvent en voie d'auto-extinction. Notre Chancelière, par exemple, a dit, lors dans sa campagne vers l'accession à la chancellerie, que la génétique appliquée à l'agriculture pouvait aider à soulager la faim dans le monde. Bien sûr ! Et comment, ainsi que nous l'avons appris autrefois, obtenir toute notre alimentation en cherchant entre les pierres. Nous pourrions ensuite nourrir tous les pauvres. Nous allons d'ailleurs jusqu'à vêtir nos mendiants et par pur amour du prochain nous leur apportons des « soins médicaux complets » – comme c'est humain ! Va-t-on vraiment donner des milliards aux pauvres diables et se réjouir de ce si joli nouveau monde et de son propre humanisme ? Et les « étudiants » français de mars de cette année 2006 pourquoi se battent-ils ? Pour la consolidation de la dépendance, braves brebis qu'ils sont ! Avec la démocratie nous répandons la croyance que tous sont égaux, et nous efforçons à ce que – prenant en compte le fait éternel de l'inégalité et de la volonté de puissance – chacun se prenne pour un dieu et soit capable de la puissance et compétent à l'exercer. Ce seront là les époques les plus ténébreuses, lorsque la démocratie aura mené elle-même vers l'absurde sa domination mondiale parvenue à l'apogée, quand elle est confrontée à ses idées creuses, l'égalité politique *accréditée* de tous, la liberté supposée de dominer – que ce soit maintenant dans le « discours » ou ailleurs. De cruelles guerres civiles sont les représentations sous-jacentes des conséquences de cette folie, c'est un chaos terrifiant et abominable fait d'égoïsmes démesurément surestimés. Un terrain fertile pour le surlendemain, mais malheur à ceux qui lui donneront libre cours. On peut déjà le voir en miniature déjà ici et là et on le verra bien plus clairement à l'avenir.

Rien n'est peut-être plus nécessairement et urgemment revendiqué aujourd'hui qu'une nouvelle compréhension de et en vue de la primauté de l'idiotie démocratique de l'égalité des droits pour tous en tout. Cela de toute façon personne n'en veut et la revendication de cela n'est jamais qu'un moyen dans les mains du pouvoir des uns sur les autres. Un moyen calamiteux, car il conduit cette idée vers le néant. « L'égalité » elle-même est de l'ordre du néant, n'existe pas à vrai dire. A travers l'idée d'égalité se pose le moyen de regarder le problème réel et par là on s'appesantit sur la *bonne guerre*.

  Ce ne sont pas les choses, mais les opinions sur des choses qui n'existent absolument pas, qui ont tant troublé les hommes ![310]

La vérité n'est pas trouvée, mais inventée – puis fabriquée. Par exemple, on a inventé la doctrine de l'égalité des âmes (d'abord devant Dieu, plus tard devant l'État – les âmes s'appellent maintenant sujets de droit) et on se mit à l'œuvre dans une joyeuse croyance en la vérité « trouvée ». Aléatoire ! Parce que l'on s'en tint à l'égalité (des âmes) plutôt comme un fait que comme un but. Quiconque pensait différemment devait être dans l'erreur. On n'était aucunement conscient qu'il y avait là une volonté de réalité. (Volonté de qui, et faite de quoi, on l'a exposé en détail.)

Quelle sorte de discipline et de châtiment résulta d'un tel retournement ? Brûler, couper, torturer, nettoyer l'esprit égaré, avec un regard fatigué, plein de bonté. La cruauté est le résultat de l'arrogance. La prison fonctionne encore aujourd'hui grâce à l'hébétude des individus – par la routine. On est rendu indifférent.

Le regard se porte presque toujours d'abord vers l'arrière, vers le passé. L'erreur doit trouver ses origines quelque part, on s'est trompé, on a pensé de façon erronée, on a commis un acte punissable, un péché – pas contre un être humain (ce qui ne peut être compris dans cette perspective que comme une conséquence), mais contre la loi, contre la vérité, la justice. Si l'on comprend ainsi la justice, on abandonne la possibilité de mesurer la « volonté de puissance » à la « volonté de puissance », la vie à la vie et pour les deux peut-être à leurs buts et leurs moyens.

Il nous faut d'abord inverser notre regard pour lui ouvrir cette dernière perspective. Il faut abandonner cette croyance dans la vérité, à un quelconque sens éternel, dans lequel la compréhensibilité de tout être-là se tient.

> Nous ne voulons plus que les origines soient des péchés et les conséquences des supplices.[311]

Désormais chaque événement ne doit plus être un accomplissement mais une création.

Imaginons une juridiction qui soigne ce point de vue, qui cherche à peser le fait « de façon prospective », à qui surtout ne sont connues aucune « lois », mais au plus des buts et des moyens. Qui serait capable de les intégrer dans sa propre existence et de juger alors, c'est-à-dire de mesurer les buts, les moyens et les effets par rapport à son propre but et sa propre volonté ? C'est ce que l'on fait quotidiennement, mais on ne veut que rarement le reconnaître.

Êtes-tu un être qui puisse imposer une loi à quiconque d'autre ? Veux-tu que l'on serve ta volonté ? Et quelle volonté crois-tu pouvoir imposer aux autres ? Sais-tu ce que tu veux, et sais-tu que tu le veux ? Ou bien n'es-tu qu'un singe aux étranges idéaux ? Sais-tu aussi que « vrai » et « faux », que « bon » et « mauvais » et que « bien » et « mal » ne sont que des voiles que tu jettes sur ta volonté ? Es-tu le juge de l'être-là, quelqu'un qui ose lui donner une direction ? « Responsabilité devant », c'est une couche molle, qu'il s'agit simplement de préparer, on n'est qu'un serviteur. Mais on devrait le savoir et ne pas en avoir honte. Rien ne devient grand qui ne soit servi par quelqu'un. « Responsabilité de » c'est la position la plus exigeante, sur laquelle ne campent que les diamants. Mais es-tu un diamant ? Es-tu assez acéré,

> pour écrire sur la volonté millénaire comme sur l'airain – plus dur que l'airain, plus noble que l'airain.[312]

Ou bien s'agit-il plutôt pour toi d'être un authentique élève d'Héraclite, qui voit toute chose s'écouler dans l'éternel devenir, et qui ose à peine bouger un doigt dans le courant du devenir ?[313] Et finalement ! Es-tu assez noble pour créer toujours plus selon la vie, alors que tu dois en tant que créateur détruire ? Es-tu source d'abondance ou soupires-tu simplement de convoitise ?

Quoi qu'il en soit, et que tu le veuilles ou non, tu es un juge de l'être là – tu lui donnes une direction.

LA BONNE NOUVELLE

Jetons un coup d'oeil un siècle en avant, supposons que mon attentat contre deux millénaires d'anti-nature et de violation de l'homme réussisse. Ce nouveau parti de la vie qui prendra en mains la plus haute de toutes les tâches, l'éducation de l'homme vers la supériorité, y compris l'anéantissement sans pitié de tout ce qui est dégénéré et parasite, rendra possible de nouveau l'existence sur terre de cet excès de vie, dont doit également sortir l'état dyonisiaque. Je promets une époque tragique : l'art suprême du oui à la vie, la tragédie, renaîtra lorsque l'humanité aura derrière elle la conscience des guerres les plus dures, mais les plus nécessaires, mais sans en souffrir...[314]

La vie n'est pas une quantité nulle. À quelque moment que l'on se trouve, elle devient plus forte, la vie devient plus intense, plus dense, plus puissante. La vie est l'éternel « plus ». La terre fut autrefois une planète morte. Mais que l'on puisse échapper en tant que « race » même à la quantité nulle est évident. Toutefois : la vie témoigne constamment pour elle et son avenir. La vie démontre plus de vie et laisse sans cesse de la vie derrière elle. Qu'elle se nourrisse et se propage est lié à sa croissance. Il existe une hiérarchie sauvage de la nourriture et une hiérarchie un peu plus étroite – dont la majeure partie n'a rien à voir avec l'autre.

Connais-toi toi-même !
Toujours au-delà de toi-même !
Aucune mort n'est de trop !

Les dieux sont espiègles : il semble qu'ils
ne peuvent s'empêcher de rire même lors des célé-
brations.[315]

Dieux ! Je suis l'un d'entre vous, et je serai parmi vous tant que vous serez des dieux.

Mon nom est Oui ! et que mon peuple soit un peuple de dieux.

Je veux que vous alliez de l'avant et que vous vous honoriez de mon nom.

Il y avait autrefois des dieux qui voulaient vous faire croire, ils sont en vous. Mais je vous le dis, c'étaient des menteurs maladifs. Ils voulaient extirper de vous ce qu'ils avaient eux-mêmes depuis longtemps perdu – la vie. Ils vivaient à vos crochets. C'étaient de malins parasites : et vous avez oublié leurs agissements – Vous-mêmes – Dieux !

Un brave guerrier des temps anciens – un Perse, en fait – ne l'oubliez pas – se perfectionnait jusqu'à ce qu'il s'écroule. Et lorsqu'il s'écroulait, s'écroulaient avec lui les dieux parasites, les morts. Ainsi était-on plein de dignité dans les temps anciens : en finir avec soi-même avec l'abolition de son erreur.

Depuis plus de 111 générations, on n'en a pas trouvé le courage et depuis plus de 111 générations on a souffert à cause de vous. Quelle ferveur peut se développer à partir de ces tourments ! Avec quelle force va désormais brûler le feu !

Élevez-vous maintenant avec vos victoires et portez les choses vers la victoire.

Dieux ! Je suis l'un d'entre vous, et je serai parmi vous, tant que vous serez des dieux.

Mon nom est Oui ! et mon peuple est un peuple de dieux.

Je veux que vous alliez de l'avant et que vous vous honoriez de mon nom.

        J'aime celui qui justifie l'avenir et dé-
livre du passé : car il veut périr par ceux du
présent.[316]

CHAPITRE 5
DEFENSE

Nietzsche m'est tombé dans les mains pour la première fois, et non sans difficultés, il y a une dizaine d'années. Tout d'un coup je n'étais plus seul dans ma maison. Ce qui ne me parlait pas, je le survolais à dessein. C'était alors probablement mon propre drame et les destins tragiques qui me conduisaient sans cesse vers l'échappatoire – Socrate, Jésus, Nietzsche, Morrison, tous grands, mais morts « tragiquement ». J'allai de Nietzsche à Platon et en restai là bien trois ou quatre ans, avant que je me confronte à Kant. Lorsque je me sentis « prêt », je repris Nietzsche à nouveau. Je voulais, ainsi que j'en avais pris le parti au début de cette étude au cours de l'hiver 1999/2000, en terminer là où j'avais commencé. Après ce « second passage », le mot de Nietzsche selon lequel tout ce qui resterait de lui était *La naissance de la Tragédie* me sauta au visage. Le reste me paraissait largement être un simple ressassement.

C'est plus par embarras, une bonne part de chance et d'encouragement au bon moment, que le choix de ma thèse de master s'est déterminé (et qui constitue le présent livre), et alors que Nietzsche n'était pas le premier que j'aurais imaginé, et dans le peu de disposition que j'avais d'apparaître comme un fanatique de Nietzsche. Du reste je lus réellement ce qu'il contenait. *L'antéchrist* me devint vite un écrit reposant, très raisonnable et très clair, quoique pas des plus faciles. Celui qui parle dans cette perspective encore de « paralysie progressive » chez Nietzsche ne fait que se montrer comme un de ces éternels vieux philosophes, dont à l'aide du questionnement, on peut facilement mettre à jour le rôle que joue en eux la douleur. Aucun, c'est la réponse – et qu'est-ce que cela signifie ?

Dans mon dialogue avec la philosophie, et donc aussi avec Nietzsche, j'ai trouvé les meilleurs mots récemment dans Shinmen Musashi. Ce que ce guerrier japonais indique dans ses écrits sur l'art martial pourrait être frappé sur la philosophie, le surhomme de Nietzsche ou quoique ce soit auquel on s'adonne. Qu'il ne soit pas enfin oublié en défense de cette thèse :

> Il ne suffit pas de lire ceci, il faut plutôt pratiquer ardemment, comme si l'on devait soi-même développer cette théorie et non pas la prendre simplement toute prête. Qu'on la pratique de façon persistante, comme si on était responsable de la découverte de la vraie voie. Il faut éviter la simple imitation et la médiocre pratique.[317]

> Il faut croire fermement être le seul dans le monde qui puisse atteindre le plus haut niveau [...] Ayez à l'esprit que personne ne peut rien faire, s'il ne le fait lui-même.[318]

Cela vient d'une langue étrangère et peut-être quelque peu incisive, la folie dionysiaque, à laquelle je m'adonne et à sa transfiguration apollinienne.

Mais de toute façon – j'ai vaincu.

Pierre Kynast
Merseburg sur la Saale
Avril 2006

ANNEXES

A. NOTES TECHNIQUES

Les notes (i, ii, iii…) sont exclusivement destinées à des commentaires, des ajouts au texte et autres pensées utilisées.

Les notes (1, 2, 3…) ne sont utilisés que pour références. Les emplacements pour tous les éléments de référence ou de paraphrase sont donc présentés à l'annexe D. Pour des raisons techniques, l'origine des citations des notes de bas de page est indiquée entre crochets [ ].

Citations. Les sauts de paragraphe et ajouts sont signalés par [...]. Sauf indiqué, toutes les citations proviennent des œuvres de Friedrich Nietzsche figurant dans les écrits annexe B.I.

Note technique. L'édition numérique des oeuvres de Nietzsche réalisée par Karl Schlechta de la Sté d'éditions Hanser Verlag. (Digitale Bibliothek. Band 31. Directmedia Publishing GmbH. Berlin. 2000) a été particulièrement précieuse. On y trouve la possibilité de trouver rapidement et commodément un aperçu du contexte et du champ d'interprétation de chaque concept et acception.

B. BIBLIOGRAPHIE DE L'EDITION ALLEMANDE

I. ÉCRITS DE FRIEDRICH NIETZSCHE

Nietzsche, Friedrich. Édition critique (KSA). Volumes 1 à 6 et 14 et 15. Edition de Giorgio Colli et Mazzino Montinari. dtv, de Gruyter. Munich. 1999.

La base de travail de cette étude repose sur les textes publiés par Nietzsche lui-même jusqu'à 01/02/1889. Ce sont:

Titre	Abbréviation	KSA Vol.
La naissance de la tragédie *Die Geburt der Tragödie*	GT	1
Considérations inactuelles *Unzeitgemässe Betrachtungen*	UB	1
Humain, trop humain *Menschliches, Allzumenschliches*	MA	2
Aurore *Morgenröthe*	M	3
Idylles de Messine *Idyllen aus Messina*	IM	3
Le gai savoir *Die fröhliche Wissenschaft*	FW	3
Ainsi parlait Zarathoustra *Also sprach Zarathustra*	Z	4
Par- delà bien et mal *Jenseits von Gut und Böse*	JGB	5
La généalogie de la morale *Zur Genealogie der Moral*	GM	5

Le cas Wagner *Der Fall Wagner*	W	6
Crépuscule des idoles *Götzen-Dämmerung*	GD	6
L'Antéchrist *Der Antichrist*	A	6
Ecce homo *Ecce homo*	EH	6
Dithyrambe de Dionysos *Dionysos-Dithyramben*	DD	6

II. Bibliographie complémentaire

« La philosophie de Nietzsche du pouvoir » par Volker Gerhardt[i] ; « Enquêtes sur le problème du temps de Nietzsche » par Joan Stambaugh, et, Peter Sloterdijk, « Le Penseur sur la scène. Le matérialisme de Nietzsche. » Dans le travail présenté ici, ils n'ont été pour ainsi dire pas utilisés.

Dans mon travail je n'ai pas traité de la bibliographie prévue pour le « surhomme de Nietzsche » (dans le délai de la thèse de maîtrise). Je 'ai pas utilisé ces ouvrages. J'avais prévu d'en parler dans le dernier chapitre « défense ». Mais je m'étais un peu avancé. Il aurait fallu pour une sérieuse discussion dans le contexte de mes propres considérations avec les principales thèses existantes sur le sujet encore quatre ou cinq mois supplémentaires. J'en reste donc redevable, de même que l'absence de « discussion critique » ne signifie pas qu'aucune controverse avec l'œuvre de Nietzsche n'a eu lieu.

---

[i] Qui essaye de comprendre d'abord Nietzsche en tant qu'être humain , puis l'oeuvre de Nietzsche – ce qui est évidemment discutable sur le plan méthodologique

III. Autres ouvrages utilisés

Alfred North Whitehead. Abenteuer der Ideen. Suhrkamp. Frankfurt am Main. 2000. *Sowie:* Prozeß und Realität. Suhrkamp. Frankfurt am Main. 1979.

Die Bibel. Deutsche Bibelgesellschaft. Stuttgart. 1991.

Die Vorsokratiker. 2 Bände. Reclam. Stuttgart. 2003.
Diogenes Laertios. Leben und Lehre der Philosophen. Reclam. Stuttgart. 1998.

Grundgesetz für die Bundesrepublik Deutschland. Bundeszentrale für politische Bildung. Bonn. 1998.

Herodot. Die Bücher der Geschichte. 3 Bände. Reclam. Stuttgart. 1957 und 58.

Immanuel Kant. Werksausgabe. 12 Bände. Suhrkamp. Frankfurt am Main. 1968.

Karl Marx. Das Kapital. (in Auswahl hrsg. von Benedikt Kautsky). Kröner. Stuttgart. 1957.

Martin Heidegger. Sein und Zeit. Max Niemeyer. Tübingen. 1993. *Sowie:* Was ist Metaphysik. Vittorio Klostermann. Frankfurt am Main. 1998. *Sowie:* Einführung in die Metaphysik. Max Niemeyer. Tübingen. 1987.

Parmenides. Über das Sein. Reclam. Stuttgart. 1995.

Platon. Sämtliche Werke. 4 Bände. Rowohlt. Reinbeck bei Hamburg. 1994.

Shinmen Musashi. Das Buch der fünf Ringe. Piper. München. 2005.

Sun Tsu. Die Kunst des Krieges.

IV. LEXICOLOGIE

Metzler Philosophie Lexikon. Hrsg. Prechtl, Peter und Burkhard, Franz-Peter. 2. Auflage. Metzler. Stuttgart, Weimar. 1999.

Duden. 21. Auflage. Dudenverlag. Mannheim, Leipzig, Wien, Zürich. 1996.

Schulwörterbuch Latein. 5. Auflage. Langenscheidt. Berlin, München. 2001.

B. A. BIBLIOGRAPHIE POUR L'EDITION FRANCAISE

On trouvera l'ensembles des ouvrages de Nietzsche dans l'édition de la Pléiade (Librairie Gallimard, sous la direction de Marc de Launay, tome 2 et 3 en cours de parution) ou en édition séparée par titre à la même maison d'édition.

C. Index general thematique

On trouvera ci-dessous l'ensemble des sources permettant de rattacher les thèmes récurrents de l'oeuvre de Friedrich Nietzsche à leur place dans les différents ouvrages, en lien avec l'annexe B1.

I. Surhomme, surhumain (Übermensch, übermenschlich)

Oeuvre, repère.

GT. 1.
UB. II. 6.
UB. III. 6.
UB. IV. 11.
MA. I. 111.
MA. I. 143.
MA. I. 164.
MA. I. 441.
MA. I. 461.
MA. II. Le voyageur et son ombre. 73.
MA. II. Le voyageur et son ombre.190.
M. 27.
M. 60.
M. 113.
M. 548.
FW. 143.
FW. 358.
FW. 382.
Z. I. Préface. 3.

Z. I. Préface. 4.

Z. I. V Préface. 5.

Z. I. V Préface. 7.

Z. I. Préface. 9.

Z. I. Des contempteurs du corps.

Z. I. Du pâle criminel.

Z. I. De la nouvelle idole.

Z. I. De l'ami.

Z. I. De l'amour du prochain.

Z. I. Des femmelettes vieilles et jeunes.

Z. I. De l'enfant et du mariage.

Z. I. De la vertu généreuse. 2.

Z. I. De la vertu généreuse. 3.

Z. II. Sur les îles de la félicité.

Z. II. Des prêtres.

Z. II. Des tarentules.

Z. II. Des poètes.

Z. II. De la prudence des hommes .

Z. III. Des tables anciennes et nouvelles. 3.

Z. III. Des tables anciennes et nouvelles. 24.

Z. III. Le convalescent. 2.

Z. IV. De l'homme supérieur. 2.

Z. IV. De l'homme supérieur. 3.

Z. IV. De l'homme supérieur. 5.

JGB. 294.

GM. I. 16.

GD. Considérations d'un intempestif. 37.

A. 4.

EH. Pourquoi j'écris de si bons livres. 1.

EH. Pourquoi j'écris de si bons livres. 4.

EH. Ainsi parlait Zarathoustra. 2.

EH. Ainsi parlait Zarathoustra. 6.

EH. Ainsi parlait Zarathoustra. 8.

EH. Pourquoi je suis un destin 5.

II. Eternel retour (Ewige Wiederkunft)

Oeuvre, repère.

FW. 285.
FW. 341.
Z. III. De la vision et de l'énigme. 2.
Z. III. Le convalescent. 2.
Z. IV. Chant du voyageur nocturne. 9.
GD. Ce que je dois aux anciens. 4.
GD. Ce que je dois aux anciens. 5.
EH. La naissance de la Tragédie. 3.
EH. Ainsi parlait Zarathoustra 1.
EH. Ainsi parlait Zarathoustra 6.

III. Volonte de puissance (Wille zur Macht)

Oeuvre, repère.

FW. 349.
Z. I. Des mille et une fins.
Z. II. De la victoire sur soi.
Z. II. De la rédemption.
JGB. 9.
JGB. 13.JGB. 22.
JGB. 23.
JGB. 36.
JGB. 44.
JGB. 51.
JGB. 186.
JGB. 198.
JGB. 211.
JGB. 227.
JGB. 257.

JGB. 259.
GM. II. 12
GM. II. 18.
GM. III. 11.
GM. III. 14.
GM. III. 15.
GM. III. 18.
GM. III. 27.
W. Epilogue
GD. Considérations d'un intempestif. 11.
GD. Considérations d'un intempestif. 20.
GD. Considérations d'un intempestif. 38.
GD. Ce que je dois aux anciens. 3.
A. 2.
A. 6.
A. 16.
A. 17.
EH. Préface. 4.
EH. La naissance de la Tragédie. 4.
EH. Le cas Wagner. 1.
EH. Pourquoi je suis un destin. 4.

IV. DIONYSOS, DIONYSIAQUE (DIONYSOS, DIONYSISCH)

Oeuvre, repère.

GT. (Pour ce qui concerne cette oeuvre, on ne donne pas de repère particulier dans la mesure où le concept est quasiment présent à chaque page.)
MA. I. 112.
FW. 43.
FW. 370.
JGB. 7.
JGB. 295.

GM. Préface. 7.

GD. La „raison" dans la philosophie. 6.

GD. Considérations d'un intempestif. 10.

GD. Considérations d'un intempestif. 11.

GD. Considérations d'un intempestif. 19.

GD. Considérations d'un intempestif. 49.

GD. Ce que je dois aux anciens. 4.

GD. Ce que je dois aux anciens. 5.

EH. Préface. 2.

EH. Pourquoi j'écris de si bons livres. 5.

EH. La naissance de la Tragédie. 1.

EH. La naissance de la Tragédie. 2.

EH. La naissance de la Tragédie. 3.

EH. La naissance de la Tragédie. 4.

EH. Ainsi parlait Zarathoustra.6.

EH. Ainsi parlait Zarathoustra 7.

EH. Ainsi parlait Zarathoustra.8.

EH. Génealogie de la Morale.

EH. Le cas Wagner. 1.

EH. Pourquoi je suis un destin. 2.

EH. Pourquoi je suis un destin. 9.

D. RÉFÉRENCES DES CITATIONS (TOUTES LES CITATIONS ONT ÉTÉ RETRADUITES)

AVANT-PROPOS

[1] Z. III. Des tables anciennes et nouvelles. 29.
[2] Z. III. Le convalescent. 2.
[3] Z. IV. Le signe.
[4] A. La loi contre le christianisme.
[5] EH. Avant-propos. 1.
[6] Z. I. De la vertu qui donne. 3.

CHAPITRE 1
LE SURHOMME DE FRIEDRICH NIETZSCHE

INTRODUCTION

[7] GT. 1.
[8] UB. III. 6.
[9] UB. IV 11.
[10] MA. I. 111.
[11] FW. 143.
[12] cf. EH. Ainsi parlait Zarathoustra. 1.
[13] Z. I. Préface. 3.
[14] cf. Z. I. Des femmelettes jeunes et vieilles. Et : De la vertu qui donne. 2. et 3.
[15] GM. I. 16.
[16] A. 4.

[17] EH. Pourquoi j'écris de si bons livres. 1.
[18] EH. Pourquoi je suis un destin. 5.
[19] Heidegger. Être et Temps. § 32
[20] cf. GM. III. 18.
[21] cf. EH. Pourquoi je suis un destin. 2.
[22] Z. II. Du dépassement de soi.

CHAPITRE 2
MORALE ET VALEUR

[23] GT. 5. et 24.
[24] A. 46.

LA GENEALOGIE DE LA MORALE

[25] GM. Préface. 6.
[26] GM. I. 4.
[27] GM. I. 5.
[28] GM. I. 7.
[29] GM. I. 10.
[30] cf. GM. I. 10.
[31] GM. I. 7.
[32] GM. I. 10.
[33] cf. GM. I. 10.
[34] GM. I. 13.
[35] GM. I. 14.
[36] GM. I. 16.
[37] EH. Pourquoi je suis un destin. 5.
[38] GM. I. 16.
[39] GM. II. 3.
[40] cf. GM. II. 1. et 2.

[41] GM. II. 3.

[42] GM. II. 3.

[43] GM. II. 8.

[44] GM. II. 5.

[45] GM. II. 14.

[46] GM. II. 14.

[47] GM. II. 16.

[48] GM. II. 16.

[49] GM. II. 16.

[50] cf. GM. II. 17.

[51] cf. GM. II. 17.

[52] GM. II. 17.

[53] GM. II. 17.

[54] cf. GD. Errances d'un intempestif. 48.

[55] GM. II. 11.

[56] GM. II. 8.

[57] GM. II. 11.

[58] GM. II. 11.

[59] cf. GM. II. 11.

[60] GM. II. 16.

[61] Z. I. Préface. 4.

[62] GM. III. 18.

[63] GM. III. 13.

[64] cf. GM. III. 12.

[65] cf. GD. Les quatre grandes erreurs. 1.

[66] GM. III. 13.

[67] cf. GM. III. 13.

[68] GM. III. 13.

[69] GM. III. 13.

[70] GM. III. 13.

[71] GM. III. 13.

[72] GM. III. 14.

[73] GM. III. 14.

[74] cf. Z. I. Préface de Zarathoustra. 5.

[75] GM. III. 16.

[76] GM. III. 15.

[77] GM. III. 15.
[78] GM. III. 15.
[79] GM. II. 8.
[80] GM. III. 22.
[81] cf. GM. III. 23.
[82] cf. GM. III. 25.
[83] GM. III. 23.
[84] GM. III. 27.

LA MALEDICTION DU CHRISTIANISME

[85] EH. Avant-propos. 3.
[86] A. 3.
[87] cf. A. 3. et 4.
[88] A. 2.
[89] cf. GM. III. 27.
[90] Voir l'évaluation de la Révolution française : FW. 350.
[91] GM. I. 16.
[92] cf. A. 7.
[93] cf. A. 10.
[94] cf. GM. III. 26.
[95] cf. GM. III. 26.
[96] cf. A. 7.
[97] A. 2.
[98] A. 7.
[99] A. 6.
[100] A. 15.
[101] A. 16.
[102] A. 25.
[103] GM. I. 7.
[104] cf. GM. I. 7.
[105] cf. A. 24.
[106] A. 24.
[107] A. 21.

[108] A. 29.
[109] A. 30.
[110] cf. A. 39.
[111] cf. A. 42.
[112] A. 19.
[113] cf. A. 58.
[114] cf. A. 15.
[115] cf. A. 48.
[116] La Bible. 1 Corinthiens. 1 18 sq
[117] A. 47.
[118] cf. A. 15.
[119] A. 26.
[120] GM. III. 28.
[121] cf. Les paroles de : Carrousel. Quand je partis. (Karussell. Als ich Fortging)
[122] JGB. 201.

L'Idiosyncrasie des decadents

[123] cf. GM. III. 14.
[124] cf. GM. II. 17.
[125] GM. II. 16.
[126] GM. II. 16.
[127] FW. 352.
[128] GD. Les quatre grandes erreurs. 2.
[129] A. Loi contre le christianisme.
[130] GD. Ce que je dois aux anciens. 5.
[131] EH. Pourquoi je suis un destin. 8.
[132] EH. Pourquoi je suis un destin. 7.
[133] EH. Pourquoi je suis un destin. 7.
[134] cf. A. 38.

CHAPITRE 3
VIE ET VALEUR

[135] JGB. 13.
[136] UB. II. 10.
[137] MA. Préface. 1.
[138] UB. II. 10.
[139] Z. III. Des tables anciennes et nouvelles. 28.
[140] EH. Pourquoi je suis un destin. 7.
[141] Z. II. De dépassement de soi.
[142] EH. Pourquoi je suis un destin. 5.

CE QUE VIVRE SIGNIFIE

[143] FW. 26.
[144] JGB. 69.
[145] cf. GD. La «raison» dans la philosophie. 4.
[146] Z. I. De la vertu qui donne. 2.
[147] M. Préface. 3.
[148] Parménide.
[149] Shinmen Musashi. Le livre des cinq anneaux. Le vide.
[150] GT. Tentative d'auto -critique. 2.
[151] GT. Tentative d'auto -critique. 2.
[152] GT. 2.
[153] GT. 1.
[154] GT. 1.
[155] GT. 1.
[156] GT. 1.
[157] GT. 16. voir aussi : GT. 4.
[158] GT. 1.
[159] Z. II. De la prudence humaine.
[160] GT. 4.
[161] Z. I. Préface de Zarathoustra. 1. voir aussi : Z. IV. Le signe.

[162] GD. Ce que je dois aux anciens. 5.
[163] GM. I. 11.
[164] GT. 4.
[165] GT. 25.
[166] GT. Tentative d'auto -critique. 5.
[167] MA. I. Préface. 1.
[168] JGB. 2.
[169] cf. Metzler Dictionnaire de philosophie. « Théorie de la correspondance »
[170] A. 53.
[171] cf. Par exemple : MA. I. 11. – Z. II. Des tarentules. – JGB. 22. – A. 62.
[172] A. 14.
[173] UB. II. 1.
[174] UB. II 2.
[175] FW. 26.
[176] UB. II. 3.
[177] cf. Dictionnaire Duden: « Monumental »
[178] cf. Z. I. Préface de Zarathoustra. 5.
[179] UB. II. 2.
[180] UB. II. 2.
[181] UB. II. 2.
[182] UB. II. 2.
[183] UB. II. 3.
[184] cf. UB. II. 3.
[185] UB. II. 3.
[186] UB. II. 3.
[187] UB. II. 4.
[188] UB. II. 4.
[189] UB. II. 4
[190] GM. III. 23.
[191] UB. II. 5.
[192] cf. UB. II. 5.

LA VOLONTE DE PUISSANCE

[193] FW. 109.
[194] cf. FW. 349.
[195] FW. 349
[196] cf. W. Épilogue.
[197] Z. II. Du dépassement de soi.
[198] JGB. 36
[199] JGB. 22. voir aussi : JGB. 36.
[200] cf. JGB. 186.
[201] Z. II. Du dépassement de soi.
[202] Z. II. Du dépassement de soi.
[203] cf. JGB. 13.
[204] M. 535.
[205] Z. II. L'heure la plus silencieuse.
[206] Z. II. Du dépassement de soi.
[207] cf. GD. Errances d'un intempestif. 14. – JGB. 13. – FW. 349.
[208] GM. II. 10.
[209] JGB. 259.
[210] FW. 347.
[211] UB. II. 5.
[212] GD. Errances d'un intempestif. 38.
[213] Z. I. Préface de Zarathoustra. 5.
[214] GD. Errances d'un intempestif. 38.
[215] GM. II 18.
[216] GD. Errances d'un intempestif. 38.
[217] FW. 325.
[218] JGB. 69.
[219] GM. II. 12.
[220] GM. II. 12.
[221] GM. II. 12.
[222] GD. Errances d'un intempestif. 38.
[223] GD. Errances d'un intempestif. 38.
[224] cf. Martin Heidegger. Introduction à la métaphysique. I. La question fondamentale de la métaphysique.

225 EH. Pourquoi je suis un destin. 4.
226 cf. A. Loi contre le christianisme.
227 JGB. 13.

CHAPITRE 4
LE SURHOMME

228 FW. 12.
229 EH. Ainsi parlait Zarathoustra. 6.
230 cf. EH. Avant-propos. 3.
231 JGB. 23.
232 JGB. 44.
233 Z. I. Préface de Zarathoustra. 4.
234 EH. Ainsi parlait Zarathoustra. 6.
235 cf. EH. Ainsi parlait Zarathoustra. 6.
236 GD. Ce que je dois aux anciens. 4.
237 EH. Pourquoi je suis un destin. 3.
238 cf. GD. Les quatre grandes erreurs. 1. sq
239 Z. I. Préface de Zarathoustra. 5.
240 cf. Platon. Symposium. Rapport de Socrate sur un discours de Diotime.
241 Z. I. Préface de Zarathoustra.
242 EH. Pourquoi je suis un destin. 3.
243 EH. Pourquoi je suis un destin. 5.
244 EH. Pourquoi je suis un destin. 9.
245 EH. Ainsi parlait Zarathoustra. 6.
246 EH. Aubes. 2.
247 Z. I. Préface de Zarathoustra. 4.

LES PONTS DU SURHOMME

[248] FW. 283.
[249] FW. 346.
[250] cf. GM. I. 17.
[251] Z. I. De la guerre et des guerriers.
[252] Z. II. Les tarentules.
[253] A. 53.
[254] Z. I. De nouvelles idoles.
[255] Loi fondamentale pour la République fédérale d'Allemagne.
[256] Z. III. Des tables anciennes et nouvelles. 25.
[257] Z. I. Des nouvelles idoles.
[258] FW. 41.
[259] Z. I. De l'ami.
[260] MA. II. Opinions et maximes. 231.
[261] MA. I. 376.
[262] Z. I. De l'ami.
[263] Z. I. De l'amour du prochain.
[264] MA. I. 378.
[265] Z. I. Des femmelettes jeunes et vieilles.
[266] Z. I. De l'enfant et du mariage.
[267] M. 397.
[268] M. 397.
[269] Z. I. De l'enfant et du mariage.
[270] Z. I. Préface de Zarathoustra. 10.
[271] cf. MA. II. Opinions et maximes. 274.
[272] cf. Z. I. Des femmelettes vieilles et jeunes. (« La superficialité des femmes... »)
[273] cf. Z. I. Des femmelettes vieilles et jeunes. (« Le bonheur de l'homme... »)
[274] cf. MA. I. 411.
[275] cf. M. 403.
[276] FW. 363.
[277] FW. 363.
[278] cf. Z. I. Vi Des femmelettes vieilles et jeunes.
[279] FW. 14.

[280] FW. 14.
[281] Z. III. Des tables anciennes et nouvelles. 23.
[282] Z. I. De la mort libre.
[283] Z. I. De la mort libre.
[284] M. 556.

L'ELEVATION DES HOMMES ET LES HOMMES SUPERIEURS

[285] JGB. 295.
[286] Z. II. De la prudence humaine.
[287] Z. II. De la prudence humaine.
[288] Shinmen Musashi. Le livre des cinq anneaux. Terre.
[289] Z. III. Le convalescent. 2.
[290] Z. IV. Des hommes supérieurs. 5.
[291] A. 2.
[292] FW. 338.
[293] cf. Z. III. Des trois maux. 1.
[294] A. 2.
[295] GM. III. 12.
[296] Z. III. Des trois maux. 2.
[297] DD. Parmi les filles du désert. 3.
[298] cf. Z. III. Des trois maux. 2.
[299] Z. I. De l'amour du prochain.
[300] Z. IV. Des hommes supérieurs. 6.
[301] Z. IV. Des hommes supérieurs. 20.
[302] cf. Z. IV. L' homme le plus laid.
[303] FW. Préface de la deuxième édition. 4.
[304] Z. IV. Le mendiant volontaire.
[305] Z. L'ombre IV. voir aussi : GM. III. 24.
[306] Z. L'ombre IV.
[307] Z. I. Préface de Zarathoustra. 4.
[308] Z. III. De nouveaux et les anciens conseils. 7.
[309] cf. FW. 357.
[310] M. 563.

[311] M. 208.
[312] GD. Le marteau parle.
[313] cf. UB. II. 1.
[314] EH. La Naissance de la tragédie. 4.
[315] JGB. 294.
[316] Z. I. Préface de Zarathoustra. 4.

CHAPITRE 5
DEFENSE

[317] Shinmen Musashi. Le livre des cinq anneaux. Eau.
[318] Shinmen Musashi. Le livre des cinq anneaux. Feu.